ESSAI
SUR LES
PROBLÉMES
DE SITUATION.

DE CRE ML

ESSAI
SUR LES
PROBLÉMES
DE SITUATION.

Posthabui tamen illorum mea seria ludo. **Virg.**
J'ai fait treve à mes affaires
Pour m'amuser de ces Jeux.

A ROUEN;

Chez JEAN RACINE, Libraire, rue
Ganterie.

M. DCC. LXXXII.

AVEC APPROBATION.

ESSAI

SUR LES

PROBLÉMES

DE SITUATION.

Posthabui tamen illorum mea feria ludo. Virg.

J'ai fait treve à mes affaires
Pour m'amuser de ces Jeux.

UN Volume du Supplément à l'Encyclopédie, ouvert à l'article *Echecs*, a arrêté
mon attention par le quarré de 64 cases
rempli de chiffres qui expriment une suite
des pas du Cavalier. J'ai vu avec surprise
que l'exécution de cette suite est regardée
comme difficile, & que les Editeurs ne font
pas mention des Méthodes qui rendent ce
Problême facile & intéressant.

Si les Editeurs de cet article nous ren-
voyoient aux sources, je croirois tenir d'eux

ce que j'irois puifer aux fources indiquées ; mais on n'y parle point de l'excellent Mémoire de M. Vandermonde, inféré parmi ceux de l'Académie des Sciences de Paris, *année* 1771, & l'on fe contente de nous dire fommairement que M. Euler a donné dans les Mémoires de Berlin une favante Solution analytique de ce Problême. En voilà affez pour que la queftion refte dans l'obfcurité ; elle eft cependant bien intéreffante, non pas, à la vérité, par elle-même, car il eft fort indifférent qu'on fache promener le Cavalier fur toutes les cafes d'un échiquier ; mais par le rapport qu'elle préfente avec l'analyfe, & par les connoiffances qui peuvent réfulter de fon examen ; en un mot, je n'ai befoin pour juftifier mon travail que de cette phrafe de M. Vandermonde :
» Leibnitz promit un calcul des fituations,
» & mourut fans rien publier ; c'eft un fujet
» où tout refte à faire, & qui mériteroit
» bien qu'on s'en occupât.

Encouragé par cette invitation, j'ai mis au jour les Réflexions fuivantes, tant fur la marche du Cavalier que fur le calcul des fituations. Mon but, en travaillant, a été de m'amufer ; mon but, en publiant mon travail, eft d'amufer les autres, fi je puis : je laiffe aux Savants la gloire d'inftruire ; en me renfermant dans les bornes qui me conviennent , & n'ayant aucune prétention , j'efpere que je ferai jugé moins févérement.

Je ne connois point d'Auteur qui ait parlé avant Ozanam, du Probléme qui confifte à promener le Cavalier des échecs fur toutes les cafes de l'Echiquier , fans paffer deux fois fur la même : on peut dire qu'alors c'étoit l'enfance du Probléme. Ozanam en donne trois folutions. Je copie ici la feconde qui peut fervir à montrer combien la multiplicité des Livres eft nuifible au progrès des connoiffances , vu que les Auteurs fe copient les uns les autres. Perfonne ne réfléchit ; nous lifons comme nous mangeons, c'eft-à-dire, ce qu'on nous apprête. Les opinions adoptées fans examen forment les mœurs d'une Nation, comme les aliments à la mode conftituent les mœurs de l'eftomac.

La figure 1 repréfente un Echiquier ou quarré de 64 cafes, remplies des nombres naturels depuis 1 jufqu'à 64. La figure 2 repréfente le même Echiquier fur lequel les nombres font difpofés felon la marche du Cavalier. Je fuppofe cette marche connue ; ceux à qui elle eft étrangere, la concevront facilement à l'infpection de nos figures.

Si le Cavalier eſt placé ſur la caſe marquée 1 , *fig.* 2 , il ira ſucceſſivement ſur
les caſes marquées 2 , 3 , 4 , 5 , &c., &
le Damier ſera parcouru en entier lorſqu'il
aura atteint la caſe numérotée 64 , qui
eſt la ſixieme du ſixieme rang horiſontal ,
en commençant à compter à gauche par la
caſe numérotée 34.

Ozanam fait obſerver que cette Solution
de Moivre eſt facile à retenir & à exécuter ,
parce que la marche ſuit une loi conſtante ;
celle de tourner autour du Damier, en s'éloi-
gnant toujours du centre : il rend lui-même la
Solution plus correcte , en ſubſtituant l'un
à l'autre les numéros 62 & 64.

Ozanam n'a eu en vue que de rendre la
marche de Moivre plus uniforme. Il ne s'eſt
pas apperçu qu'il la perfectionnoit, qu'il la
rapprochoit de la nature ; & qu'au moyen
de ſa réforme , il eſt facile de ramener le
Cavalier à la caſe du départ : condition
intéreſſante à ajouter au Problême.

Ce qu'Ozanam n'a pas vu, n'a pas cherché
à voir , les Auteurs qui l'ont ſuivi n'ont pas
cherché à l'approfondir. M. Guyot qui a
publié, en 1769, de nouvelles Récréations
Phyſiques & Mathématiques , s'eſt contenté,
page 230 du premier Volume , de copier
la Solution de Moivre, ſans même profiter

de la correction indiquée par Ozanam. » On
» a cru, dit-il, qu'il fuffiroit de donner
» cette Solution pour exemple, comme étant
» d'ailleurs la plus facile à pratiquer ; l'opé-
» ration étant fort difficile à retenir par cœur,
» il eft prefque impoffible alors de faire cette
» récréation fans fe tromper.

L'Auteur de la derniere édition, 1778,
des Récréations Mathématiques & Phyfi-
ques d'Ozanam rapporte, d'après lui, les
trois Solutions de Montmaur, Moivre &
Mairan. » Mais je crois, ajoute-t-il, que
» jufqu'à ces dernieres années on n'en con-
» noiffoit aucune qui fût telle que plaçant
» le Cavalier fur une cafe quelconque, on
» pût lui faire parcourir tout le Damier ;
» & même enforte que fans revenir fur fes
» pas, il pût continuer fa route & parcourir
» encore une fois le Damier fous la même
» condition. Cette derniere Solution eft due
» à M. de W., Capitaine au Régiment de
» Kinski, Dragons, au fervice de l'Impé-
» ratrice-Reine «. Il détaille la marche de
Moivre jufqu'au numéro 61 : » arrivé là,
» dit-il, il eft indifférent qu'on fe pofe fur
» la cafe marquée 64 ; car de là, on ira fur
» la pénultieme 63, & on finira fur 62,
» ou bien d'aller à 62 pour paffer à 63, &
» finir à 64.

Il eſt conſtant que l'Auteur n'a pas vu que la ſubſtitution de 62 à 64 ramène un ordre naturel , puiſqu'il la juge indifférente. Il n'a pas vu que par cette ſubſtitution , le retour du Cavalier à la caſe du départ devient très-facile , comme nous le ferons voir. Il n'avoit pas connoiſſance du Mémoire de M. Euler (1769) qui a donné pluſieurs moyens ; il croit , au contraire , la choſe inconnue *juſqu'à ces dernieres années*. Il n'avoit pas connoiſſance du Mémoire de M. Vandermonde (1771) qui indique des moyens très-récréatifs. Ce qui a empêché tous ces Meſſieurs de conſulter les Mémoires des Académies de Paris & de Berlin , c'eſt ſans doute qu'ils n'eſpéroient pas y trouver des objets de récréation. Il ſemble que l'agrément & l'inſtruction aient depuis long-temps fait divorce. Ces Collections ſavantes ont cependant l'avantage de réunir ſouvent l'un & l'autre ; elles ſont véritablement le pré de Seneque où le Bœuf cherche de l'herbe , le Chien un Lievre , & la Cicogne un Lézard , *in eodem prato Bos herbam quærit , Canis Leporem , Ciconia Lacertam.* Heureux le Lecteur qui eſt à la fois Bœuf, Chien & Cicogne , tout lui convient ; mais

Jupiter fit ce don à bien peu de perſonnes ,
Pauci quos æquus amavit.

Je vais donner la marche que j'ai fuivie pour parvenir à la Solution de ce Problême. J'ai fait des efforts par moi-même jufqu'à ce que j'aie pu avoir le Mémoire de M. Euler & les Œuvres de Leibnitz. J'ai prié un ami de me copier à Paris, dans les Bibliotheques publiques, le Mémoire de Berlin ; la difette de Livres dans la Province m'a forcé de recourir à cet expédient : quant aux Ouvrages de Leibnitz, j'ai eu la facilité de les parcourir.

PROBLÊME Ier.

FAIRE parcourir au Cavalier des Echecs tout le Damier, fans paffer deux fois fur la même cafe.

POUR parvenir à la Solution de ce Problême, j'ai fuppofé qu'il falloit trois connoiffances préliminaires ; 1°. défigner chaque cafe de l'Echiquier d'une maniere diftinctive ; 2°. trouver l'expreffion de là marche du Cavalier ; 3°. exprimer la fuc-ceffion des pas du Cavalier.

Le moyen qui fe préfente naturellement pour défigner les cafes, eft de les numéroter par la fuite des nombres naturels, comme dans la figure premiere : il a des inconvénients, nous l'abandonnerons quand nous les aurons reconnus.

Pour exprimer la marche du Cavalier, j'obferve que fur l'Echiquier que nous avons rempli des nombres naturels, un nombre differe de 8 de celui qui lui eft fupérieur ou inférieur, & qu'il differe de l'unité de celui qui eft à côté, foit à droite, foit à gauche.

Le Cavalier placé à la cafe 37, que j'appelle C, peut aller aux cafes 20 & 22 ; dans ce cas, il s'éleve de deux rangs & s'écarte horifontalement d'une cafe à droite ou à gauche. J'exprime cette marche par C *moins* 16, *plus ou moins* 1. Il peut auffi fe placer aux cafes 52 & 54 ; la marche eft alors C *plus* 16, *plus ou moins* 1. Il peut ne s'élever que d'un rang, & s'écarter horifontalement de deux cafes à droite ou à gauche ; ce que j'exprime par C *moins* 8, *plus ou moins* 2. Enfin il peut baiffer d'un rang, & s'écarter horifontalement de deux cafes à droite ou à gauche ; alors on a C *plus* 8, *plus ou moins* 2.

En un mot, le Cavalier étant placé à une cafe quelconque, on connoîtra fes huit pofitions, en ajoutant ou retranchant l'un

des

(9)

des 4 nombres, 6, 10, 15, 17; il peut donc aller de 37 à 20, 22, 27, 31, 43, 47, 52 & 54.

Mais nous nous hâtons trop ; car si au lieu de 37, nous plaçons le Cavalier sur la case 31, il ne pourra atteindre ni 25 ni 41, qui sont trop éloignés : il faut donc découvrir en quoi peche notre travail, & c'est ici que va nous guider la théorie des situations.

Nos Observations ne sont pas fausses, elles ne sont qu'incomplettes, parce que nous n'avons pas eu égard à toutes les conditions. Il en est une qui n'est pas dans la nature universellement prise, mais dans la nature particuliere du Problême, & qui le constitue variante d'un Problême plus étendu ; c'est la limite ou la situation. Nous sommes obligés de nous interrompre au numéro 8, & de placer le 9 au commencement de la ligne suivante, à cause des limites données. Le cadre 1, 8, 56, 64 est la limite de notre Problême, *fig.* 1 & 3 ; on ne peut aller de 31 à 25 dans la premiere figure ; mais on y pourroit aller dans la troisieme qui est illimitée dans tous les sens, & qui n'est caractérisée que par cette restriction, que tout chiffre y surpasse de 8 celui qui est immédiatement au-dessus.

B

On nous eût donné d'autres limites, &
c'eût été cependant le même Problême, fi
l'on avoit propofé de faire parcourir au
Cavalier toutes les cafes d'un Damier Polonois ; alors chaque numéro auroit excédé
de 10 le numéro fupérieur. La marche du
Cavalier auroit été défignée par C *plus ou
moins* 8 , 12 , 19 , ou 21. Le Cavalier placé
fur la cafe 25 , auroit été, felon fa marche, aux cafes 4 , 6 , 13 , 17 , 33 , 37 ,
44 & 46 ; mais fi on le place fur la cafe
60 , on rencontrera le même obftacle que
dans l'Echiquier précédent. Il ne peut aller
de 60 à 81 qui en eft trop éloigné par la
fituation ou par les limites données.

On fe convaincra facilement de tout ceci ,
en rempliffant de la fuite des nombres naturels un quarré de 100 cafes qui repréfentera
un Damier Polonois.

La fuite des nombres naturels pour numéroter les cafes, eft donc un moyen infuffi-
fant à caufe des limites, & il le faut aban-
donner. Ayons recours à celui qu'emploie
M. Vandermonde ; il défigne toutes les
cafes par le rang qu'elles occupent dans
chaque bande : ainfi la cafe 37 s'exprime chez
lui par $\frac{5}{5}$, ce qui fignifie la cinquieme cafe
du cinquieme rang horifontal. $\frac{4}{7}$ veut dire
la quatrieme du feptieme rang ; c'eft celle

qui eſt numérotée 52 , & ainſi des autres.

Comme mon deſſein n'eſt que d'amuſer ,
& que je veux éviter tout ce qui ceſſe
d'être récréation, je renvoie à ſon Mémoire ,
pour apprendre à trouver l'expreſſion de la
marche du Cavalier. Je ſuppoſe le travail
fait , & je dis que deux fractions (1) dont
les Numérateurs different de 1 , & les Dénominateurs de 2, ou dont les Numérateurs
different de 2 , & les Dénominateurs de 1 ,
déſignent le pas du Cavalier : ainſi la ſuite
$\frac{3}{5}$ $\frac{5}{6}$ $\frac{7}{7}$ $\frac{8}{5}$ ayant cette propriété , le Cavalier peut aller de 35 à 45 , de là à 55 , &
de 55 à 40.

Le Problême conſiſte maintenant à accol-
ler 64 fractions différentes qui aient toutes
pour Numérateurs & pour Dénominateurs
un des 8 premiers nombres naturels, & de plus
que les Dénominateurs & les Numérateurs
aient les uns 1 & les autres 2 pour différence.

M. Vandermonde obſerve qu'en cherchant
à rapprocher de la forme ſymmétrique la

______

(1) Ce que j'appelle ici fraction n'eſt nulle-
ment une fraction ; j'emploie ce mot, ainſi que
ceux de Numérateur & Dénominateur , à cauſe
de la reſſemblance , & uniquement pour abréger.

trace cherchée du Cavalier, on facilite la
Solution. Il ajoute que la trace du Cavalier
feroit une figure fymmétrique, fi, changeant ici
dans l'expreſſion de ſa marche 8 en 1, 7 en 2,
6 en 3, & 5 en 4, & *vice verſâ*, ſoit dans
les nombres ſupérieurs feulement, ſoit dans
les inférieurs, ou à la fois dans les deux,
il n'en réſultoit aucun changement dans l'expreſſion totale. Nous rendrons par la ſuite
raiſon de cette propoſition ; mais nous pouvons conclure dès à préſent que le travail
eſt abrégé des trois quarts, & que fi l'on
peut aſſembler entr'elles quatre ſuites, chacune de ſeize pas, la queſtion eſt réſolue.

Si l'on ſe ſert de la plume pour écrire
des fractions, le travail aura l'air d'un calcul & d'une opération mathématique ; mais
je le veux conſidérer comme une récréation,
& je préfere les dés du Domino parmi leſ-
quels je trouve toutes mes fractions ; alors
ceci n'eſt plus qu'un jeu, & il n'y a pas de
caſe ſur l'Echiquier qui ne puiſſe être rendue
par un dé du Domino.

J'ai donc fait uſage de ces dés ; mais je
n'ai pas été long-temps ſans rencontrer un
obſtacle. Un même dé, ſuivant qu'il eſt
poſé, peut avoir deux valeurs & repréſenter
deux caſes : ainſi le $\frac{5}{6}$ qui doit repréſenter
la cinquieme caſe du ſixieme rang, repré-

fentera s'il eſt renverſé la ſixieme caſe du cinquieme rang, ce qui donne lieu à des erreurs. Le remede que j'y ai trouvé, a été de laiſſer en noir les Numérateurs, & de marquer en jaune les points des Dénominateurs. Par là tout inconvénient diſparoît.

Ainſi avec 64 dés du Domino tranſpoſés à volonté, pourvu qu'on s'aſſujettiſſe à la condition du Problême, on peut en s'amuſant trouver une infinité de Solutions. En voici un exemple.

$\frac{8}{1}$ $\frac{7}{3}$ $\frac{8}{5}$ $\frac{7}{7}$ $\frac{5}{8}$ $\frac{3}{7}$ $\frac{1}{8}$ $\frac{2}{6}$ $\frac{1}{4}$ $\frac{2}{2}$ $\frac{4}{1}$ $\frac{6}{2}$ $\frac{8}{3}$ $\frac{7}{5}$ $\frac{8}{7}$ $\frac{6}{8}$

$\frac{6}{8}$ $\frac{4}{7}$ $\frac{2}{8}$ $\frac{1}{6}$ $\frac{2}{4}$ $\frac{1}{2}$ $\frac{3}{1}$ $\frac{5}{2}$ $\frac{7}{1}$ $\frac{6}{3}$ $\frac{8}{4}$ $\frac{7}{6}$ $\frac{8}{8}$ $\frac{6}{7}$ $\frac{4}{8}$ $\frac{2}{7}$ $\frac{1}{5}$ $\frac{2}{3}$ $\frac{1}{1}$

$\frac{1}{1}$ $\frac{3}{2}$ $\frac{5}{1}$ $\frac{7}{1}$ $\frac{5}{3}$ $\frac{6}{1}$ $\frac{8}{2}$ $\frac{7}{4}$ $\frac{8}{6}$ $\frac{7}{8}$ $\frac{5}{7}$ $\frac{3}{8}$ $\frac{1}{7}$ $\frac{2}{5}$ $\frac{1}{3}$ $\frac{2}{1}$

$\frac{2}{1}$ $\frac{4}{2}$ $\frac{3}{4}$ $\frac{4}{6}$ $\frac{6}{5}$ $\frac{4}{4}$ $\frac{3}{6}$ $\frac{5}{5}$ $\frac{4}{3}$ $\frac{3}{5}$ $\frac{5}{6}$ $\frac{6}{4}$ $\frac{4}{5}$ $\frac{3}{3}$ $\frac{5}{4}$ $\frac{6}{6}$

La ſuite des fractions ci-deſſus, exprime la marche donnée par Moivre, *fig.* 2 : je les ai diſtribuees en 4 pour repoſer l'attention. La fraction $\frac{8}{1}$ repréſente le numéro 1, qui eſt à la huitieme caſe du premier rang. La fraction $\frac{7}{5}$ qui ſuit, repréſente le numéro 2 placé à la ſeptieme caſe du troiſieme rang., & ainſi de ſuite juſqu'à la ſeizieme fraction $\frac{6}{8}$, c'eſt-à-dire la ſixieme caſe du huitieme rang occupée par 16.

La ſeconde ſuite commence au même numéro , & continue ſuivant l'ordre naturel des nombres juſqu'à 34, qui eſt à la premiere caſe du premier rang déſignée par $\frac{1}{1}$, derniere fraction de la ligne.

La troiſieme ſuite commence par $\frac{1}{1}$, qui n'eſt répété, comme l'a été $\frac{6}{8}$, que pour ſervir de renſeignement, & continue juſqu'à $\frac{2}{1}$, c'eſt-à-dire juſqu'à la ſeconde caſe du premier rang , occupée par 49.

Enfin la quatrieme ſuite nous mene de 49 à 64.

Ces ſuites n'en font qu'une : mais les deux extrémités de cette ſuite unique ne ſe peuvent joindre , les fractions $\frac{6}{6}$ & $\frac{8}{1}$ qui les déſignent ne rempliſſant pas la condition; ainſi le Cavalier ne peut aller de 64 à 1 , qui eſt la caſe du départ.

Mais tout cela n'approche pas de la facilité avec laquelle on peut réſoudre le Problême , en traçant avec des lignes la marche du Cavalier. C'eſt à M. Vandermonde qu'on doit ce moyen ; & s'il n'a pas

(15)

été plus connu , c'est que de ceux qui l'ont
rencontré dans les Mémoires de l'Académie,
les uns ont craint de s'occuper , les autres
ont dédaigné de s'amuser : ils ont cru n'être
pas dédommagés de leur application , ceux-
là n'y espérant pas assez de plaisir , ceux-ci
y soupçonnant trop de fatigue. Mais en
écartant les épines des Mathématiques , il
ne restera que les roses de la récréation.

Pour se familiariser avec ce Problème ,
il faut en résoudre de plus simples ; c'est
le conseil que donne M. Euler, qui emploie
la méthode des nombres naturels, comme
dans l'exemple de Moivre : il faut essayer
sur un quarré de 16 , de 25 , de 36 cases.
Voyez les fig. 5 , 6 , 7 , 8.

De quelque maniere que l'on place & fasse
marcher le Cavalier sur un quarré de 16
cases , il en restera toujours une angulaire
vuide , si les 15 autres forment une suite.

Toutes les cases d'un quarré de 25 peuvent être remplies ; mais le Cavalier ne peut
retourner à la case du départ ; la suite ne
peut être rentrante , quand le nombre des
cases est impair , puisque le Cavalier va
toujours du pair à l'impair , & de l'impair au
pair.

EXEMPLE d'une Solution méthodique & symmétrique, pour conduire le Cavalier par toutes les cases de l'Echiquier, fig. 9.

Pour éviter la confusion & fuivre ce travail, il eft néceffaire que le lecteur prenne la peine d'opérer lui-même, & de former à part un quarré de 64 anneaux ifolés, qui repréfentent les 64 cafes de l'Echiquier, & un autre quarré de 64 cafes rempli de la fuite des nombres naturels, comme la figure 1 : chaque numéro défigne celui des anneaux auquel il correfpond.

Je profite de la remarque de M. Vandermonde, pour former à la fois quatre fuites : j'unis les anneaux qui font à l'un des angles, en obfervant de commencer par le dedans & de finir par le dehors ; j'obtiens une fuite de 8 cafes, qui font 11, 1, 18, 3, 9, 19, 2, 17, c'eft-à-dire que le Cavalier placé fur la cafe 11 pour premier pas, va à la cafe 1 ; de là à 18, à 3, à 9, &c.

Si je répete cette opération fur les trois autres angles, j'aurai 3 autres fuites correfpondantes ; favoir, à l'angle à droite en haut, 14, 8, 23, 6, 26, 22, 7 & 24. A
l'angle

l'angle gauche inférieur, 51 , 57 , 42 , 59 , 49 , 43 , 58 & 41. Enfin à l'angle inférieur à droite , 54 , 64 , 47 , 62 , 56 , 46 , 63 & 48.

Il y a dans chaque coin une cafe vuide entourée de 8 cafes , dont 6 pleines ; j'appelle ainfi celles qui tiennent à deux fils, & 2 borgnes qui n'ont encore qu'un fil : je joins cette cafe vuide aux cafes ou anneaux des bords , ce qui occupe au coin gauche fupérieur, 4 , 10 , 25 ; au coin à droite fupérieur, 5 , 15 , 32 ; au coin inférieur à gauche, 33 , 50 , 60 ; au coin inférieur à droite, 40 , 55 , 61. Je fais des liaifons avec les cafes borgnes ; chaque fuite fe trouve alors prolongée de trois termes : en cet état les liaifons de 25 à 35 , de 32 à 38 , de 33 à 27 & de 30 à 40 font néceffaires , puifqu'elles font uniques. Les liaifons de 17 à 34 , de 24 à 39 , de 26 à 41 & de 31 à 48 font fymmétriques & à préférer, parce qu'une autre liaifon fermeroit les fuites : j'évite encore de les fermer , & je les écarte en allant fymmétriquement de 12 à 27 , de 13 à 30 , de 35 à 52 & de 38 à 53. En écartant encore , je vais de 20 à 26 , de 21 à 31 , de 34 à 44 & de 39 à 45. Les liaifons qui reftent à faire ne laiffent pas de choix ; il faut aller néceffairement de 20 à

C

52 par 37, de 21 à 53 par 36, de 12 à 44 par 29, enfin de 13 à 45 par 28.

Si maintenant nous lions les chiffres par lesquels nous avons commencé notre Solution, nous aurons d'abord une suite de 32 termes, dont le premier est 11, & le dernier 1, qui se joint à 11. Le Cavalier placé sur la case 1 ou sur la case 11 d'un Echiquier couvert de Dames, n'en peut enlever que 32, suivant la marche que nous avons tenue. Si on le place ensuite à l'autre angle sur la case 8, il enlevera les 32 autres. Le Problême n'est donc pas complétement résolu : c'est un inconvénient attaché à sa nature, dont voici la loi. Si le côté du quarré est impair, la suite ne peut être rentrante. Si le côté est impairement pair, on peut obtenir des suites rentrantes & entiérement symmétriques. Si le côté est pairement pair, il faut pour avoir une suite unique & rentrante altérer un peu la symmétrie.

Les deux suites symmétriques sont aisées à distinguer l'une de l'autre dans la fig. 9, l'une étant exprimée par des lignes, & l'autre par des points. On peut aussi les distinguer par les nombres qui suivent : un de ces moyens sert de guide pour trouver l'autre.

Première suite : 11, 1, 18, 3, 9, 19,

2 , 17 , 34 , 44 , 29 , 12 , 27 , 33 , 50 ,
60 , 54 , 64 , 47 , 62 , 56 , 46 , 63 , 48 ,
31 , 21 , 36 , 53 , 38 , 32 , 15 , 5 , 11.

Seconde fuite : 8 , 23 , 6 , 16 , 22 , 7 ,
24 , 39 , 45 , 28 , 13 , 30 , 40 , 55 , 61 ,
51 , 57 , 42 , 59 , 49 , 43 , 58 , 41 , 26 , 20 ,
37 , 52 , 35 , 25 , 10 , 4 , 14 , 8.

Chaque nombre de ces fuites a pour différence avec le nombre voifin à droite ou
à gauche, l'un de ces quatre, 6 , 10 , 15 , 17,
propriété que nous avons prouvé être l'expreffion des pas du Cavalier.

Il y a donc bien des manieres d'exprimer
ces fuites , foit par les nombres comme ci-
deffus, foit par les fractions , fuivant la méthode de M. Vandermonde , foit avec les
dés du Domino, comme nous l'avons indiqué , par des lignes tracées avec des crayons
de diverfes couleurs , par des fils de foie
promenés fur un Damier qui a une épingle
fixée au centre de chaque cafe ou un petit
anneau , foit encore par les lettres de l'al-
phabet, en un mot de quelle maniere on
voudra.

Achevons la Solution de notre Problême,
& réuniffons ces deux fuites en une.

Si dans la figure nous joignons le troifieme anneau au treizieme , au moyen d'un fil, &
le dix-huitieme au vingt-huitieme , la mar-

che de 3 à 18, & de 13 à 28, sera supprimée ; & l'on voit au simple coup d'œil que les deux suites seront liées , & n'en formeront plus qu'une. Le Cavalier placé à telle case que l'on voudra, y reviendra nécessairement après avoir parcouru toutes les cases de l'Echiquier.

On peut aussi substituer les liaisons de 11 à 26, & de 5 à 20, à celles de 11 à 5, & de 26 à 20.

On peut encore détacher 37 de 52, & 47 de 62, pour joindre 37 à 47, & 52 à 62.

On peut encore conduire une ligne ponctuée de 42 à 36 , & une ligne pleine de 53 à 59, en supprimant les liaisons de 42 à 59, & de 36 à 53.

Tous ces moyens de réduire les deux suites à une, formeront autant de combinaisons numériques différentes , si on veut exprimer la Solution par chiffres.

Autre Solution par le moyen des lettres , fig. 10.

Je partage le Damier en 4 pour plus de facilité : je numérote les cases selon la marche du Cavalier , par les termes d'une progression $1a, 2a$, $3a$, &c. jusqu'à $12a$; & d'une seconde progression $1b$, $2b$, $3b$,

4 *b*. Les extrêmes 1 *a*, 12 *a*, 1 *b*, 4 *b*, de ces deux progreffions, m'indiquent les anneaux qui n'ont qu'un fil.

Je répete la même opération fur les trois autres quarts, avec de nouvelles lettres. Toutes les cafes alors feront occupées ; mais il y en a 16 que nous avons appellées borgnes ; favoir, 4 dans chaque quart.

J'obferve que 1 *a* peut fe joindre à 1 *d*, 4 *d* à 12 *t*, 1 *t* à 1 *s*, 4 *s* à 12 *a* ; ce qui me procure la jonction ou fuite *a d t s a*.

Cette fuite eft néceffairement fermée ; ce qui m'eft annoncé par la même lettre commune aux deux extrêmités.

D'autre part, j'obferve que 1 *c* peut fe joindre à 1 *b*, 4 *b* à 12 *r*, 1 *r* à 1 *x*, 4 *x* à 12 *c*, d'où j'obtiens une feconde fuite *c b r x c* rentrante auffi. La marche eft donc en deux fuites.

Pour les réduire à une, je vois qu'on peut lier 12 *c* à 4 *t*, & 11 *c* à 3 *t*, ce qui détachera 12 *c* de 11 *c*, & 4 *t* de 3 *t*, & procurera l'union de deux lettres qui n'étoient pas encore enfemble ; d'où réfulte la fuite *a d t c x r b c t s a*. Mais 12 *c* peut être appellé 3 *t*, & 3 *t* fera appellé 12 *c*, 2 *t* & 1 *t* deviennent 13 *c* & 14 *c*. Ce qui nous donne la fuite unique & rentrante *a d t x r b c s a* ; elle eft unique, puifque toutes les progref-

fions y font admifes & liées , les lettres n'y
étant employées qu'une fois ; elle eft rentrante , puifque les extrêmités fe rejoignent,
étant les extrêmes d'une même progreffion.

TROISIEME Exemple. Fig. 11.

Cette figure eft celle de M. Vandermonde.

Je partage l'Echiquier en 4 quarts. Je
forme dans un quart deux fuites , dont les
anneaux d'attente font aux côtés qui atten-
dent un autre quarré. J'ai deux progreffions,
l'une de 1 a jufqu'à 4 a, l'autre de 1 b
jufqu'à 11 b. Je figure les trois autres quarrés fur le modele du premier. Alors je remarque que l'anneau ifolé du quart fupérieur à gauche peut fe joindre à 4 c & à
11 x, ce qui unit les c & les x, cet anneau pouvant s'appeller 5 c ou 12 x. Il en
arrive autant à l'anneau ifolé du quart fupérieur à droite , lequel peut fervir de liaifon
entre 4 a & 11 s. L'anneau ifolé inférieur
à gauche , unira de même 11 d avec 4 t.
Enfin , l'anneau ifolé inférieur à droite ,
unira 4 r avec 11 b, & fera fuivant le befoin
5 r ou 12 b : a peut fe joindre à d , & c à b;
de même que x à r , & t à s ; ce qui nous
donne les deux fuites $c x r b c$ & $a s t d a$,
détachées l'une de l'autre & chacune fermée.

Pour n'avoir qu'une chaîne , je confidere que fi j'unis 12 *b* à 10 *s*, 4 *r* pourra fe joindre à 9 *s*, & qu'il en réfultera la fuite *a s b c x r s t d a*. Mais fi l'on prolonge la fuite des *a*, les termes 12 *s*, 11 *s*, 10 *s* s'appelleront 5 *a*, 6 *a*, 7 *a*, & les *a* s'uniront aux *b*, & feront évanouir la lettre *s* qui les féparoit. La fuite générale & rentrante fera donc *a b c x r s t d a*, & l'on pourra continuer la progreffion depuis 1 *a* jufqu'à 64 *a*.

Ces trois exemples détaillés peuvent fervir de modeles, & je crois qu'ils doivent fuffire ; car ceux qui voudront s'amufer, formeront maintenant eux-mêmes de nouvelles marches avec facilité ; & ceux qui ne s'amufent pas à ces recherches, ne fe donneront pas la peine de nous fuivre.

Il n'eft pas hors de propos d'inférer ici plufieurs Problêmes relatifs au Problême principal : la Solution de quelques-uns fe découvre par la feule infpection de nos figures, fans autre explication : la plupart font dans la Differtation de M. Euler, & peuvent être inférés, tant pour leur fimplicité que pour leur facilité, dans les récréations mathématiques. Il y en aura que nous laifferons réfoudre au lecteur curieux de s'exercer.

PROBLÊME II.

FAIRE parcourir au Cavalier les cafes d'un quarré de 9 cafes.

IL eft aifé de voir, *fig.* 4, qu'il eft impoffible d'y comprendre la cafe du milieu; que de quelqu'autre cafe que l'on parte, le Problême s'exécute tout feul ; qu'il n'a qu'une Solution , & que la chaîne eft néceffairement fermée.

PROBLÊME III.

PARCOURIR un quarré de 16 cafes.

ON voit par la fig. 12 qu'on peut former deux fuites , chacune de 8 termes & fymmétriques ; mais fi l'on ne veut qu'une fuite, il y aura toujours , fuivant la remarque de M. Euler , une cafe angulaire vuide.

PROBLÊME IV.

PROBLÊME IV.

PARCOURIR un quarré de 25 cafes.

Voyez la fig. 6.

PROBLÊME V.

PARCOURIR un quarré de 36 cafes.

Voyez les fig. 7 & 8.

PROBLÊME VI.

SI d'un quarré de 16 cafes on fupprime une cafe à chaque angle, les 12 cafes reftantes formeront une croix. On propofe de conduire le Cavalier par toutes les cafes de cette croix.

D

PROBLÊME VII.

*Si d'un quarré de 36 cafes on fup-
prime 4 cafes à chaque angle , on
propofe de conduire le Cavalier fur
toutes les cafes de la croix for-
mée par les 20 qui reftent.*

Voyez la fig. 13.

PROBLÊME VIII.

*PARCOURIR un quarré de 36 cafes
réduites à 32 , par la fuppreffion
d'une cafe à chaque angle.*

PROBLÊME IX.

*UN Trictrac fermé préfente aux yeux
une moitié d'Echiquier , ou un rectangle de 8 cafes fur 4. On propofe de les couvrir de Dames , &
qu'un Cavalier enleve les 32 Dames
l'une après l'autre.*

LES Tabletiers ont coutume de fournir

32 Dames au lieu de 30, qui suffisent pour le jeu de Trictrac. *Voyez la fig.* 14.

PROBLÊME X.

On propose de distribuer les Dames, de maniere qu'un Cavalier noir, placé à un angle, enleve les 16 blanches, & qu'un Cavalier blanc, placé à l'angle voisin sur la même ligne, enleve les 16 noires. Fig. 15.

DANS l'exécution de ce Problême, les deux suites sont fermées, c'est-à-dire que chaque Cavalier revient à la case d'où il est parti ; ce qui n'a pas lieu dans le Problême précédent. Ce problême 10 n'est pas du nombre de ceux de M. Euler ; il observe que dans tous les rectangles, dont le nombre des cases est pair, on peut avoir une suite rentrante, pourvu qu'il n'y ait pas moins de cinq cases dans un côté. Mais il n'a pas examiné le parti qu'on peut tirer de deux ou plusieurs chaînes fermées ; elles conduisent néanmoins à la Solution complette, comme nous l'avons fait voir dans nos Solutions méthodiques.

PROBLÊME XI.

UN enfant ayant en fa difpofition 12 Dames blanches & 12 Dames noires, deftinées pour un jeu de Dames fimple ; ayant auffi 20 Dames jaunes & 20 Dames rouges d'un jeu Polonois, s'eft amufé à couvrir les 64 cafes d'un Echiquier. Les 20 rouges font toutes réunies au-deffous des 12 blanches ; & les 20 noires auffi réunies, mais au-deffus des 12 jaunes.

ON propofe de placer aux quatre angles de l'Echiquier les quatre Cavaliers du jeu des Echecs ; qu'ils prennent chacun leurs 12 ou 20 Dames, & qu'à la fin de leur courfe les deux noirs foient pris par les deux blancs.

LA fig. 16 démontre aux yeux la Solution de ce Problême ; les quatre lots de Dames y font détachés, & les points indiquent la marche des Cavaliers blancs qui vont prendre les noirs.

M. Euler ajoute, à quelques-uns de ces Problêmes, diverſes conditions; il demande, par exemple, que les caſes correſpondantes faſſent la même ſomme, ou aient la même différence : il appelle caſes correſpondantes, celles dont la diſtance eſt diviſée en deux également par le centre de la figure.

Au moyen de ces conditions , le Problême n'eſt plus ſimplement un Problême de ſituation ; il acquiert encore la qualité de Problême numérique , parce que les chiffres placés dans les caſes , & qui n'étoient que des numéros, deviennent auſſi des nombres, puiſqu'on eſt tenu d'avoir égard à leur valeur, & d'opérer ſur eux.

PROBLÊME XII.

PARCOURIR les caſes d'un quarré long de 3 ſur 4 , & que les caſes correſpondantes faſſent entr'elles la même ſomme.

Voyez la fig. 17, dans laquelle les nombres 1 & 12, 6 & 7, 11 & 2, &c., font toujours la ſomme 13.

PROBLÊME XIII.

PARCOURIR les cases d'un quarré long de 5 sur 4, avec la condition que deux cases correspondantes aient toujours la même différence.

Voyez la fig. 18, qui résout le Problême, mais en deux suites.

POUR y procéder avec méthode & facilité, il faut placer à la fois les deux chiffres des cases correspondantes : ainsi pour le Problême douzieme, je pose 1 dans une case, & 12 dans la case correspondante ; ensuite je pose 2 suivant la marche du Cavalier, & 11 dans la case qui répond à celle où j'ai mis 2, & ainsi de suite.

De même pour le Problême treizieme, je pose 11 dans la case qui répond à 1, 12 dans celle qui répond à 2, & ainsi des autres ; la différence entre les nombres de deux cases correspondantes, sera toujours 10, moitié du nombre des termes.

PROBLÊME XIV.

PARCOURIR 20 cases disposées en croix , avec la condition que les cases correspondantes aient entr'elles la même différence.

Voyez la fig. 13.

PROBLÊME XV.

FAIRE parcourir au Cavalier toutes les cases de l'Echiquier , ensorte qu'il revienne à celle du départ , & de plus, que les 2 nombres qui se trouvent dans les cases corres- pondantes aient toujours 32 pour différence.

LA fig. 19 est tracée d'après la marche indiquée par M. Euler. L'esprit de la Solution consiste, comme nous venons de le dire , à placer 33 à l'opposite de 1 , 34 à l'opposite de 2 , &c. : d'où l'on voit qu'il y a un nombre considérable de Solutions.

PROBLÊME XVI.

Aux conditions du Problême précédent, on ajoute que les 32 premiers pas ou nombres remplissent la premiere moitié de l'Echiquier, & les 32 suivants l'autre moitié.

PARMI les six différentes Solutions données par M. Euler, je choisis celle de la fig. 20 ; & j'observe que pour la nouvelle condition exigée, il faut que les nombres 1 & 32 dans une moitié, & les nombres 33 & 64 dans l'autre, soient disposés de maniere que de 1 à 64, & de 32 à 33, il y ait un saut de Cavalier.

Il est facile par la seule attention aux anneaux de varier ces Solutions : dans celle-ci, la vingt-huitieme case porte le numéro 1, & la trente-unieme porte le numéro 32. Si l'on supprime la liaison de la vingt-septieme case à la vingt-unieme, & qu'on établisse une liaison de la vingt-unieme à la trente-unieme, alors la vingt-huitieme case deviendra 32, & se liera avec la trente-quatrieme case.

La

La vingt-unieme cafe qui dans le premier cas contenoit le numéro 25, contiendra le numéro 8, & toutes les cafes porteront de même des nombres différents, ce qui eft une fource de variétés.

PROBLÊME XVII.

On demande que le Cavalier parcoure toutes les cafes de l'Echiquier, & que les 2 numéros qui font dans les cafes correfpondantes, faffent entr'eux ou la fomme S, ou la fomme S plus 64, par exemple, ou 40, ou 104.

LA Solution eft exprimée par la fig. 21; il faut obferver que le nombre 20 n'a pas de correfpondant qui puiffe faire avec lui 40 ou 104. La cafe que 20 occuperoit, fe remplace par 0 & correfpond à 52, qui manque auffi de correfpondant. La condition des fommes, & celle de la marche du Cavalier, font remplies : l'ordre numérique feroit interrompu, fi l'on commençoit par 1, puifqu'il y a néceffité de s'arrêter à 19 ; mais la marche du Cavalier ne l'eſt pas ; & ſi on le place d'abord ſur 21 , il parcourra ſans interruption 63 caſes, mais pas 64.

Si le nombre ajouté à 64 eſt impair , ſi l'on demande par exemple que la ſomme ſoit ou 41 , ou 105 , alors les nombres 20 & 21 n'y peuvent entrer , ou ſi on les introduiſoit , 52 & 53 ne pourroient être admis. Il reſte 2 caſes vuides correſpondantes , qui peuvent recevoir $\frac{4}{2}\frac{1}{2}$ & $\frac{5}{3}\frac{2}{3}$, mais qui ſervent comme dans le cas précédent de limite au Cavalier , lequel ne peut parcourir que 63 caſes.

PROBLÊME XVIII.

UNE marche ſuivie du Cavalier non rentrante , étant donnée en nombres , en former une ſuite rentrante.

C'EST ici que l'on aura facilement la preuve de ce que j'ai avancé au commencement de ce Mémoire ; que le temps d'Ozanam étoit celui de l'enfance du Problême : d'ailleurs les nouvelles récréations mathématiques , publiées en 1778 , annonçant , à la vérité avec l'expreſſion du doute , » Le

» CROIS que jufqu'à ces dernieres années, on
» ne connoiſſoit aucune Solution qui fût telle
» que le Cavalier pût parcourir tout le Da-
» mier & continuer ſans revenir ſur ſes
» pas « ; j'ai lieu de penſer que la Solution
de mon Problême ſera nouvelle & bien
reçue.

Une premiere maniere de le réſoudre bien
facilement, eſt de traduire en anneaux les
nombres de la ſuite donnée. Ceux de Moivre , *fig.* 2 , ſont traduits par la marche
de la figure 22 : on y voit au ſimple coup
d'œil que la huitieme caſe n'a qu'un fil ,
ainſi que la quarante-ſixieme ; que pour faire
une chaîne non interrompue, il faut détacher quelques anneaux , & les attacher autrement. On voit que ſi l'on détache 46 de 29
pour le lier à 36 , le fil de 29 à 19 pourra
ſe conduire de 19 à 4 , & le fil de 4 à 14
pourra être conduit de 14 à 1 : alors la
ſuite ſera rentrante , & on pourra l'exprimer ou plutôt il faudra l'exprimer par d'autres chiffres. Mais ſi l'on avoit fait tout
d'un coup ce qu'Ozanam a conſeillé , ſans
qu'il en connût les avantages , c'eſt-à-dire
placé 62 où eſt 64 , & 64 où eſt 62 , alors
pour obtenir une ſuite rentrante , il auroit
ſuffi de lier le dix-neuvieme anneau au quatrieme , & de conduire au huitieme le fil

devenu fuperflu de ce quatrieme anneau.

Mais fans employer la reffource des anneaux, voici une Solution numérique pour la marche de Moivre : écrivez dans les cafes d'un nouveau cadre les 11 premiers nombres comme ils font déja placés; retranchez de 76 chacun des autres nombres, vous aurez une fuite qui ne fera point interrompue, fi l'on a eu la précaution de fubftituer 64 à 62, & 62 à 64. Mais fi l'on opere fur les nombres tels qu'ils font donnés, alors depuis 62 jufqu'à 64, il faut retrancher 50.

Pour les nombres donnés par Montmaur dans Ozanam & qui font dans la figure 23, on obtiendra une fuite rentrante de la maniere qui fuit.

Laiffez les 7 premiers nombres naturels où ils font placés; fouftrayez de 72 ceux qui fuivent depuis 8 inclus jufqu'à 59 inclus; ôtez 52 de chacun des 5 reftants.

La fuite non rentrante, donnée par Mairan dans Ozanam, deviendra rentrante, fi l'on conferve les 27 premiers nombres tels qu'ils font placés, & qu'on retranche tous les autres de 92.

La fuite non rentrante, donnée par un Malabare, article *Echecs* du Supplément à l'Encyclopédie, deviendra rentrante, fi l'on conferve les 7 premiers nombres naturels comme ils font placés, & fi l'on retranche tous les autres de 72.

C'eſt en opérant avec les anneaux qu'on découvre la raiſon des opérations numériques.

PROBLÊME XIX.

La marche du Cavalier étant donnée en deux ſuites fermées, ramener ces deux ſuites à une ſeule.

CE Problême a déja été réſolu à la ſuite des exemples de Solution méthodique ; nous n'en faiſons mention ici que pour le placer en ſon lieu. Nous ajouterons que le moyen d'opérer plus facilement & de diſcerner les ſuites, eſt de les déſigner par des traces différentes, comme on le voit aux figures 9 & 15. Nous avertirons auſſi d'un écueil dans lequel on pourroit donner, mais qu'il eſt aiſé d'éviter quand il eſt prévu. Cet écueil conſiſte à détacher & attacher les ſuites de maniere qu'au lieu de n'en avoir plus qu'une, comme on le deſire, on en obtient deux autres que celles ſur leſquelles on vient d'opérer. Un peu d'attention fuffit pour éviter cet écueil ou pour s'en tirer ; mais il eft toujours à propos de vérifier la Solution.

Jufqu'ici nous nous fommes contentés d'examiner le Problême tel qu'il eft propofé , fans effayer d'aller plus loin ; il femble que notre efprit ait été reftreint , refferré , circonfcrit dans les limites de la queftion , & que nous n'ayons fait que jouer avec nos chaînes. Il eft temps de perdre les côtes de vue & de hafarder la pleine mer ; ofons prendre l'effor & franchir les limites du Problême ; confidérons-le comme un cas particulier d'un autre Problême plus général , plus étendu , d'un Problême univerfel , illimité , dont on peut donner la Solution à l'infini.

PROBLÊME XX.

FAIRE parcourir au Cavalier toutes les cafes du Damier Polonois , ou d'un quarré de 100 cafes.

CETTE tentative ne nous éloigne pas beaucoup de nos limites, nous la pouvons encore confidérer comme une récréation ; car nous avons à chaque inftant fous la main le moyen de nous y exercer. En effet, il n'y a pas une feule maifon, foit à la ville, foit à la campagne, où l'on ne rencontre un Damier Polonois, fans y trouver, à la vérité, les 40 Dames que ce jeu exige. Cette routine d'imitation, cet ufage conftant où font encore les Ouvriers qui font les tables de jeu, de marqueter, fur le repli du tapis verd, un Damier Polonois, eft une efpece de tradition qui conftate que le jeu de Dames Polonoifes a été d'un ufage général : maintenant il ne faut que des cartes ; mais on a confervé la trace des mœurs antiques ; profitons-en pour notre Problême. Nous poffédons déja l'Echiquier de 100 cafes : pour en tirer parti, il faut avoir 100 fiches, baguettes, pailles, allumettes, honchets, ou tout ce qu'on voudra, de même longueur que la diftance du centre d'une cafe au centre de la cafe où le Cavalier fe rendroit ; toutes ces fiches fe toucheront deux à deux par une de leurs extrêmités, le Problême s'exécutera fans papier ni calcul, & pourra, comme nous l'avons dit, être une véritable récréation.

Nous en donnons ici quatre Solutions, ou, fi l'on veut, trois; car la feconde n'eft que la traduction de la premiere : chacune de ces Solutions a quelque chofe qui la caractérife.

Fig. 24.   La premiere eft numérique ; elle a cela de particulier que deux cafes correfpondantes ont entr'elles une même différence 50, ou ce qui eft la même chofe, les numéros pris dans quatre cafes correfpondantes forment toujours une même proportion arithmétique.

Fig. 25.   On voit dans cette Solution numérique, exprimée par anneaux, que le quarré intérieur de 36 cafes eft détaché de la figure totale à laquelle il tient par les angles, fymmétrie que la confufion apparente des chiffres n'engage pas à foupçonner.

Cette feconde Solution eft le germe de Solutions à l'infini ; car fi l'on ajoute une enceinte de 96 anneaux autour de cette figure, on aura le quarré de 14 ; l'enceinte nouvelle fe pourra joindre à la précédente. On pourra de même exécuter la marche du Cavalier fur un quarré de 18, de 22, de 26, & ainfi de fuite à l'infini. Cette Solution peut s'appeller par encadrements.

Fig. 26.   La troifieme Solution eft tracée d'après M. Euler qui l'exécute par parties, c'eftà-dire en 4 lots de 25, qu'il joint enfuite les uns avec les autres.

Enfin

Enfin la quatrieme Solution eſt originai-   Fig. 27.
rement en deux ſuites ; on voit ſur la droite,
par l'union du cinquante-huitieme anneau
au ſoixante-dixieme , & du ſoixante-dix-
ſeptieme au quatre-vingt-neuvieme, comment
il a fallu altérer la ſymmétrie pour réduire
ces deux ſuites à une ſeule.

PROBLÊME XXI.

*FAIRE parcourir au Cavalier un
quarré de 144 caſes.*

Voyez la figure 28.

PROBLÊME XXII.

*FAIRE parcourir au Cavalier un
quarré de 144 caſes , conſidéré
comme le produit de 4 par 36.*

IL faut joindre 4 lots , pareils ou non ,
chacun de 36 caſes, dont les ſuites ſoient
fermées. On détache enſuite quelques anneaux
pour les lier autrement ; de ſorte que les
quatre ſuites n'en forment plus qu'une.

F

PROBLÊME XXIII.

FAIRE parcourir au Cavalier un quarré de 144 cafes , confidéré comme le produit de 9 par 16.

IL faut prendre une Solution faite pour l'Echiquier fimple , la divifer en quatre parties ; quelques anneaux refteront avec un feul fil ou fans fil ; écartez ces quatre parties, & placez-les aux quatre coins du quarré de 144 cafes, il reftera dans le milieu une croix réguliere de 80 anneaux : favoir, 48 de hauteur, & autant de largeur, dont 16 font communs ; il fera facile de les lier aux autres , après tout ce que nous avons dit jufqu'ici.

On voit par là qu'il y a une infinité de moyens de varier les combinaifons ; qu'il fuffit de prendre 2 compofants du quarré ou du rectangle propofé ; que le nombre des anneaux ne nuit point à la facilité de la Solution. Les quarrés 9 & 16 laiffent encore du travail après leur juxta-pofition , parce que les fuites qui en font formées ne font pas rentrantes & ne compren-

nent pas tous les anneaux ; mais ceux-là
exceptés, la regle du Problême XXII eſt
univerſelle.

PROBLÊME XXIV.

LA Solution de la figure 28 procure Fig. 28.
une ſuite unique , mais non fermée
ou rentrante ; on propoſe d'en
former une ſuite rentrante.

JOIGNEZ l'anneau 28 à l'anneau 53 , 42 à
56, & 63 à 77, ce qui détache 28 de 42 , &
53 de 63.

AUTRE Solution.

DE l'anneau 56 conduiſez un fil à 70 ;
conduiſez à 116 le fil qui uniſſoit 70 & 93 ;
conduiſez de 102 à 77 le fil qui uniſſoit 116
& 102.

Vous aurez deux ſuites fermées ; elles ſe
réduiront à une en conduiſant un fil de 68
à 82 , & un fil de 91 à 105 , ce qui détache
68 de 91 , & 82 de 105.

PROBLÊME XXV.

S I le foixante-dix-feptieme anneau qui eft une des extrêmités de la fuite, eft appellé 1, le foixante-feizieme s'appellera 2, & ainfi des autres, fuivant la route tracée jufqu'au cinquante-fixieme anneau qui, étant à l'autre extrêmité de la marche, s'appellera 144. On propofe, ayant cette marche exprimée en nombres, de trouver une formule arithmétique pour obtenir une fuite rentrante.

L A I S S E Z les 37 premiers chiffres naturels où ils font placés ; ajoutez 12 à tous les fuivants jufqu'à 132 compris ; retranchez de 182 ceux qui reftent.

Il eft très à propos, fi l'on veut éviter la confufion & la méprife, de commencer par former la craticule ou le gril de 144 cafes vuides ; enfuite d'y infcrire les nombres depuis 1 jufqu'à 37 dans la cafe correfpondante ou pareille du nouveau cadre.

On fera même bien de chercher d'abord le nombre 38, de lui fubftituer 50, afin d'être averti par cette cafe occupée, qu'il ne faut plus écrire les chiffres tels qu'ils font ; mais qu'il faut ajouter 12 à chacun des fuivants. On peut auffi d'avance chercher le nombre 133, & le retranchant de 182 lui fubftituer 49 dans le cadre nouveau. Ce nombre 49 qu'on trouvera déja écrit, fervira de limite pour empêcher de pourfuivre ; alors on change d'errements & l'on écrit, ainfi qu'il eft dit dans la formule, 48 au lieu de 134, 47 au lieu de 135, &c.

On fera tout à fait à l'abri de l'erreur, fi l'on commence par écrire 49 au lieu de 133, 48 au lieu de 134, & ainfi de fuite jufqu'à 144, au lieu duquel on marquera 38. Prenant enfuite 38 dans l'ancien gril, on lui fubftituera 50 ; à 39, 51 ; à 40, 52, &c. Enfin, on écrira les 37 premiers nombres aux places reftantes, ainfi qu'ils font dans l'autre cadre.

PROBLÊME XXVI.

Si au lieu d'appeller 1 le soixante-dix-septieme anneau, on appelle 1 le cinquante-sixieme, alors le soixante-dix-septieme deviendra 144, & l'on aura une nouvelle suite de chiffres, tout différemment situés. Cette marche non rentrante étant donnée en chiffres, on propose de la rendre rentrante.

PROBLÊME XXVII.

On a vu au commencement de ce Mémoire, que le Cavalier étant placé sur une case quelconque C de l'Echiquier de 64 cases, on obtient ses 8 pas ou positions, en ajoutant ou retranchant l'un des 4 nombres 6, 10, 15, 17; ce qui produit, sauf l'inconvénient des limites, la formule, C plus ou moins 6, plus ou moins 10, plus ou moins 15, plus ou moins 17. On demande une formule semblable pour un quarré de 144 cases.

PROBLÊME XXVIII.

FAIRE parcourir au Cavalier un quarré de 256 cafes ou 4 Echiquiers joints enfemble.

Voyez les *fig.* 29, 30, 31 & 32.

APRÈS tout ce que nous avons vu jufqu'ici, ce Problême femble fuperflu, parce qu'il ne préfente aucune difficulté nouvelle, & à laquelle on n'ait déja fatisfait. Nous l'inférons ici à caufe de quelques obfervations qu'il fait naître, & nous nous contenterons d'en donner quelques Solutions parmi une infinité dont il eft fufceptible.

La premiere Solution, celle de la planche, *figure 29*, eft originairement en quatre fuites ; les altérations qui font à l'angle fupérieur à gauche, n'y ont été faites que pour la Solution complette du Problême, & pour réduire les quatre fuites à une feule.

Si l'on fupprime ces altérations, c'eft-à-dire fi l'angle fupérieur à gauche, eft rendu femblable à l'angle fupérieur à droite, alors les quatre fuites feront détachées.

Un Cavalier partant de l'anneau *a*, y retournera après avoir parcouru 64 anneaux. Le
Cavalier partant enfuite de *b* , parcourra
de même 64 anneaux & reviendra au même
point *b*. Si on le fait partir de l'anneau *c*,
il y retournera après une marche fucceffive
de 64 : enfin , s'il part de l'anneau *d* , il fe
trouvera en *d* , après avoir parcouru les
64 anneaux reftants.

Parmi les diverfes manieres d'exprimer
les fuites des pas du Cavalier , nous avons
propofé d'employer des crayons ou des en-
cres de diverfes couleurs. C'eft ici que l'on
éprouvera de la fatisfaction de cette prati-
que. Le coup d'œil que préfentent nos quatre couleurs , fait jouir d'une fymmétrie qui
forme fpectacle dans la valeur du mot , &
une véritable récréation mathématique pour
les yeux. Cette fymmétrie eft réguliere ; &
plus le nombre des anneaux , ainfi que celui
des fuites, eft grand, plus auffi les compartiments font variés , & les proportions de
l'enfemble apparentes & prononcées.

Si vous joignez le neuvieme anneau au quarantieme, & le vingt-feptieme au cinquante-
huitieme, la liaifon du neuvieme au vingt-
feptieme , & celle du quarantieme au cinquante-huitieme feront détruites, & vous aurez
uni deux fuites en une : ces fortes d'unions font

faciles

(49)

faciles à trouver , parce que les 4 anneaux
font les angles d'un quarré ou d'un lozange
dont les deux lignes nouvelles forment deux
côtés paralleles , & les deux lignes fuppri-
mées forment les deux autres côtés. On en
en a déja un exemple dans la Solution du
quarré de 100 cafes , *fig.* 27, où les lignes
introduites *a b* & *c d* , & les lignes fuppri-
mées *a c* & *b d* forment un lozange.

Il y a donc une infinité de moyens de
réduire plufieurs fuites à une feule , du
moins une infinité de manieres de pratiquer
un même moyen : le plus commode eft de
reléguer à l'un des angles l'artifice de cette
réunion comme dans notre planche A.

Par là , vous pourrez étendre en long &
en large le rectangle , prolonger les feftons
flottants , abaiffer les voûtes par l'introduc-
tion ou la fuppreffion de 4, 8, 12 anneaux, &c.

Si l'on intercale deux bandes horifontales
d'anneaux, on aura le rectangle de 16 fur
18 , fans nuire à l'exécution de la condition.

Si après cela , on éloigne la derniere
colonne en inférant 4 anneaux, on aura 4
voûtes intérieures, au lieu de 3 ; la figure
fera le quarré de 20 , & contiendra 400
cafes ou anneaux.

Si l'on conferve le quarré des 25 anneaux
qui rempliffent l'angle gauche fupérieur ,

G

choifi pour le lieu de la réduction à une
fuite unique ; qu'on remonte de 8 anneaux
les deux premiers feftons , & qu'on rap-
proche la derniere colonne jufqu'à en faire
une branche du fecond feston , on aura le
quarré de 64 cafes ou l'Échiquier ordi-

Fig. 1. naire comme dans la planche A. Cette obfervation permet de confidérer les quatre Echiquiers du Problême comme difpofés les uns
au-deffous des autres , & formant le rectangle de 8 fur 32 , & de le réfoudre par deux
feftons flottants prolongés.

La figure 29 que j'appellerai par feftons
flottants , eft donc une Solution univerfelle
pour tous les multiples de 4.

On trouvera une fécondité femblable dans
la Solution de la *figure* 30 , qu'on peut
appeller par juxta-pofition. L'efprit de
cette Solution confifte à joindre enfemble
des Solutions déja trouvées pour des nombres
plus petits. On peut donc pour le Problême
de 256 anneaux rapprocher quatre Solutions
de 64 anneaux, ou bien huit Solutions de
32 , ou quelques-unes de l'une & le refte
avec l'autre, ou bien des Solutions de 144 ,
de 36, &c. Quand on a difpofé en rectangles le nombre des anneaux propofés , il ne
s'agit plus pour avoir une fuite unique, que
de faire dans les carrefours communs à qua-

tre angles des détachemens & des réunions, comme on en voit un exemple dans notre figure 30.

Cette Solution offre des variétés à l'infini, puisqu'il y a déja une si grande variété dans les Solutions particulieres de 32, 36, 40, 64 anneaux, &c. On aura de jolis parquets & des compartiments très-agréables, si l'on met en opposition des figures pareilles dans les endroits correspondants. On peut faire des tapis d'une symmétrie élégante, & les border d'un cadre comme dans la figure 28 ; car toutes les fois qu'on a une Solution, on la peut enchasser dans une bordure qui aura deux anneaux à sa largeur. C'est encore une Solution infinie, puisqu'on peut encadrer à l'infini des cadres les uns dans les autres ; on la peut appeller par encadrement : la figure 25 en offre un modele. On voit que le goût des Ebénistes, des Carreleurs, des Brodeurs trouveroit ici de quoi s'exercer.

Quand on a obtenu une Solution, soit simple, soit composée, il y a un moyen de la multiplier & de l'étendre sans beaucoup de peine ; c'est la voie de l'emporte-piece. Si dans la fig. 30, après avoir tracé les lignes pleines du premier quart, on plie le papier en quatre, & qu'on pique les lignes tracées , on obtiendra en trous d'épingle trois autres figures femblables à la premiere , qui feront autant de fuites différentes , que l'on réduit après à une feule. Les lignes ponctuées , repréfentent les trous d'épingle des trois autres quarts : il faut avoir l'attention de faire les détachements d'avance, c'eft-à-dire de ne point lier ce qu'il faudroit enfuite détacher.

Si le papier eft plié en 6 feuillets, en 9, en 12 , en 16 , &c. , on aura 6 fois, 9 fois, &c. , la premiere figure , & le tout fera réduit à une fuite unique , en faifant les réunions nécelfaires dans les carrefours communs à quatre feuillets.

Obfervons que l'emporte-piece n'eft pas parfaitement exaĉt , parce qu'il y a toujours quelque chofe à réformer à l'endroit du carrefour.

La fig. 31 peut s'appeller par chambranles : on peut en établir à l'infini les uns au-delfus des autres. L'artifice de la réunion eft placé dans la bafe qui leur eft commune à tous, & qui leur eft unie par leurs pieds. Au-deffous du deuxieme anneau des deux premieres colonnes qui forment le pied du premier chambranle, on peut introduire deux anneaux, & pareillement deux anneaux à l'autre pied du même chambranle : ces quatre anneaux éleveront le chambranle fans rien changer au Problême. On élevera deux chambranles en introduifant huit anneaux ; & en augmentant ainfi le nombre des anneaux introduits , les chambranles feront élevés à telle diftance qu'on voudra les uns des autres. Enfin , fi les anneaux introduits font au-deffous de la plus intérieure traverfe , ils rempliront une rangée horifontale entiere; tout cela élevera la figure à l'infini , fans rien changer à la nature & à la Solution du Problême.

Nous venons de dire au commencement de cet article qu'on peut établir des chambranles à l'infini, les uns au-deffus des autres. Cette opération ajoute chaque fois deux anneaux à la hauteur , & quatre à la largeur ; d'où il fuit que l'étendue de cette figure peut croître à l'infini , tant en hauteur qu'en largeur.

Les Croix de Malthe qui font diftribuées dans la fig. 32 , liées entr'elles fymmétriquement & encadrées dans une bordure commune , m'autorifent à lui faire porter le nom de Solution en Croix de Malthe. On peut en fuivant la marche du Cavalier introduire autant de ces Croix que l'on voudra , depuis une jufqu'à l'infinité. Cette figure peut s'étendre en long & en large, en écartant la bordure & ajoutant un rang de Croix ,

au moyen de quatre rangs d'anneaux. L'E-
chiquier fimple ou de 64 cafes ne contient
qu'une Croix & l'entourage ; il faut feize anneaux difpofés quarrément pour former la
Croix , & l'encadrement fe fait avec deux
anneaux fur chacun des quatre côtés. Au
moyen de ces remarques, les deux Problêmes fuivants font faciles à réfoudre.

PROBLÊME XXIX.

*On veut broder un devant d'autel
qui contienne trois Croix de Malthe :
on demande combien ce rectangle
aura d'anneaux ?*

LEs trois Croix ayant chacune quatre
anneaux en largeur en demandent douze ,
& les deux anneaux à chaque bord font
quatre, ce qui nous donne feize anneaux
pour la longueur.

D'autre part , la hauteur d'une Croix
étant de quatre anneaux , la bordure fupé-
rieure contenant deux anneaux , & la bordure inférieure deux autres , la hauteur to-

tale fera de huit anneaux ; d'où l'on peut conclure que le devant d'autel contiendra huit anneaux fur la hauteur, & féize fur fa largeur.

PROBLÊME XXX.

On demande cent aunes d'étoffe brodéé, qui ait une aune de large, & deux Croix de Malthe dans fa largeur : combien cette étoffe contiendra-t-elle de Croix & d'anneaux ?

LA largeur contiendra douze anneaux; favoir, huit pour les deux Croix, & quatre pour les deux bordures.

La longueur doit donc être de 1200 anneaux ; & pour obtenir le nombre des Croix, il faut fouftraire les quatre anneaux des bordures, le refte 1196 étant divifé par quatre, nous laiffera 399 pour le nombre des Croix fur la longueur ; mais comme il y a deux Croix de hauteur, il faut prendre le double, & conclure que cette étoffe de

cent aunes de long , d'une aune de large &
qui doit avoir deux Croix fur fa hauteur ,
contiendra en tout 798 Croix & 14,400 anneaux.

Ces derniers Problêmes annoncent au
Brodeur une fource de variétés qui pourroient être agréables : mais le Brodeur a
fur nous un grand avantage ; car n'ayant
que le goût pour regle & pour unique maî-
tre , il peut prendre , dans la fource que
nous lui indiquons , ce qui lui conviendra ,
& s'affranchir de toutes nos entraves. Par
exemple , la liaifon entre les divers cadres,
fait un mauvais effet à l'œil ; il la fupprimera
fans nuire à l'élégance de fon deffein. Nous
avons dit que quand la figure eft quarrée ,
il faut , pour n'avoir qu'une fuite , altérer la
fymmétrie : le Brodeur eft difpenfé de cette
contrainte ; & en multipliant les fuites , il
aura des figures régulieres & parfaitement
fymmétriques. Le Problême fuivant nous
fervira d'exemple.

PROBLÊME XXXI.

PROBLÊME XXXI.

O N demande un deſſin régulier en quatre ſuites fermées du pas de Cavalier, & qui contienne au milieu une Croix de Malthe.

Voyez la *fig.* 33.

SI l'on veut propoſer ce Problême d'une maniere moins abſtraite, on peut tourner ainſi la queſtion.

Ayant 22 Dames blanches & 22 Dames noires d'un jeu ſimple, ayant auſſi 20 Dames jaunes & 20 Dames rouges du jeu Polonois, les diſpoſer ſur un Echiquier de 64 caſes, de maniere que quatre Cavaliers placés chacun ſur une couleur différente, enlevent de ſuite les 22 ou 20 Dames d'une même couleur.

Le Problême ainſi préſenté, peut recevoir un nombre conſidérable de Solutions ; la marche de la *fig.* 33 qui produit une Croix, eſt une des variantes : il donne lieu auſſi, tout naturellement, de propoſer le ſuivant, dont la Solution ſe trouve à la Planche A.

H

PROBLÊME XXXII.

RÉDUIRE à une suite unique &
rentrante les quatre suites de la
fig. 33.

IL n'eſt pas néceſſaire de dire, & le goût
indique ſuffiſamment, qu'on doit s'impoſer la
condition de ne point détruire ni traverſer
la Croix du milieu.

La broderie n'eſt pas le ſeul art auquel
nos ſituations du Cavalier ſoient applicables ;
elles le ſont à tout ce qui dépend du deſſin ;
elles le ſont à la chorégraphie : & pourquoi
non ? Qui empêche de deſſiner, broder &
danſer une marche du Cavalier, ſi l'on danſe
une partie d'Echecs ? Cette propoſition ne
paroîtra pas étrange à ceux qui ont lu le
Songe de Poliphile, & le cinquieme livre
de Pantagruel. Le bal ou la danſe, dont
Poliphile fait le récit, n'eſt autre choſe
qu'une partie d'Echecs. *Ce fut un bal ou une*
danſe en la maniere qui ſuit : Par la porte des
Courtines entrerent 32 demoiſelles, dont les
16 étoient vétues de drap d'or, &c...... Puis
en entra autres 16, vétues de fin drap d'ar-
gent, &c......

Le XXIVe. chapitre du cinquieme livre de Pantagruel a pour titre : *Comment fut, en la préfence de la Quinte, fait un bal joyeux en forme de Tournoi.* Il enfeigne la marche de chacune des pieces du jeu d'Echecs. Le chapitre fuivant qui a pour titre : *Comment les 32 perfonnages du bal combattent,* contient une defcription de trois parties d'Echecs, dont *le Roi argenté* gagne les deux premieres ; mais *au tiers tournoi, le Roi auré fut vainqueur.*

Pour terminer ce que nous avons à dire fur la marche du Cavalier, il nous refte à démontrer ce que M. Vandermonde a enfeigné dans les Mémoires de l'Académie ; favoir, que fi dans l'expreffion de cette marche, on change 8 en 1, 7 en 2, 6 en 3, & 5 en 4, & *vice versâ*, fans qu'il en réfulte un changement dans l'expreffion totale, la trace fera fymmétrique ; c'eft-à-dire que $\frac{1}{2}$ a pour correfpondants $\frac{8}{2}$, $\frac{1}{7}$ & $\frac{8}{7}$.

Cette propofition eft fondée fur ce que dans une ligne droite, les points également éloignés du milieu ou des extrêmités font identiques, & peuvent fe fubftituer l'un à l'autre ; & que dans une figure réguliere, les points, également éloignés du centre & des côtés, font identiques, & peuvent être fubftitués les uns aux autres. Prouvons féparément chacune de ces propofitions.

Il eft indifférent de compter les parties d'une ligne de droite à gauche, ou de gauche à droite ; les opérations de notre efprit, pourvu qu'elles n'impliquent pas contradiction, font arbitraires, & ne changent pas la nature des objets de notre méditation. Si donc nous comptons les cafes de la premiere ligne de l'Echiquier de gauche à droite, nous aurons la fuite des nombres naturels 1, 2, 3, 4, 5, 6, 7, 8. Mais fi nous les comptons de droite à gauche, cette même fuite de nombres naturels fera renverfée ; la cafe 1 s'appellera 8, la cafe 2 s'appellera 7, &c. ; de même à l'autre extrêmité, la cafe 8 s'appellera 1, la cafe 7 s'appellera 2, &c. : les cafes également éloignées des extrêmités, font donc identiques.

On prouvera de même que dans une figure réguliere, les points également diftants du centre font identiques ; que, par exemple, dans un quarré, il y a quatre points correfpondants ; ou plus exactement, que chaque point d'un quarré a trois points correfpondants ; que chacun de ces points a quatre valeurs fymmétriques, & eft fufceptible de quatre expreffions.

Si après avoir compté jufqu'à 8 , on paffe à la feconde ligne , les parties ou cafes au-deffous de 1 , 2 , 3 , feront appellées 9 , 10, 11 ; mais ces mêmes cafes feront appel-lées 16 , 15 , 14 , par celui qui compte de droite à gauche ; chacune de ces cafes a donc déja deux valeurs.

Mais fi l'on commence à compter par la derniere bande inférieure , de gauche à droite , la cafe 9 ou 16 fera auffi appellée 49 ; que fi un quatrieme veut compter de droite à gauche, en commençant auffi par en bas, cette même cafe fera pour lui 56 : une même cafe a donc quatre expreffions ; elle fera , fuivant les Calculateurs , la premiere du fecond rang, la huitieme du fecond rang, la premiere du feptieme rang , & la huitieme du feptieme rang ; c'eft-à-dire que $\frac{1}{2}$, $\frac{8}{2}$, $\frac{1}{7}$, $\frac{8}{7}$, font identiques & correfpondants.

On peut encore numéroter les cafes per-pendiculairement, au lieu d'horizontalement ; ce qui produira non pas une Solution nou-velle , mais une variante ; les cafes 9 , 16 , 49 , 56 , deviendront 2 , 58 , 7 , 63 , cor-refpondantes entr'elles , mais fans aucun rapport avec les quatre premieres. Elles fe-ront exprimées , felon la méthode de M. Vandermonde , par $\frac{2}{1}$, $\frac{2}{8}$, $\frac{7}{1}$, $\frac{7}{8}$. , elles fe-ront fymmétriques ; car tous les points d'un

quarré font fymmétriques quatre à quatre :
9 , 16 , 49 , 56 , forment une proportion
arithmétique ; 2 , 58 , 7 , 63 , font auffi en
proportion.

De là réfulte un nouveau genre d'équations qui feroit peut être digne de l'attention des Géometres ; l'ordre de ces équations dépend non de la puiffance , mais du
nombre des côtés ; enforte qu'on les pourroit appeller équations figurées ; équation
triangulaire, quadrilatere, pentagone, celles
dont la racine auroit 3 , 4 , 5 valeurs, &
ainfi de fuite.

Voilà un champ vafte pour des Problêmes d'une nouvelle efpece ; nous en pro-
poferons plufieurs dans la fuite ; mais il en
eft un qui trouve ici fa place fi naturellement, que nous ne croyons pas devoir le
remettre à un autre temps. Il contient une
application directe de la marche du Cavalier à un Problême de fituation , dont plufieurs Savants du premier ordre fe font
occupés , & qui a été abandonné comme
frivole & difficile, quoiqu'il ne foit pas tout
à fait inutile , & qu'il foit très-facile à réfoudre.

D'ailleurs , il nous donne lieu d'obferver
une erreur , peu importante à la vérité ;
mais c'eft toujours une erreur , qui s'eft gliffée

dans un Recueil dont l'autorité eſt du plus grand poids. Nous ſommes perſuadés que les reſpeȼtables Auteurs de ce précieux dépôt des connoiſſances humaines, nous en ſauront gré, & prendront ſoin de la reȼtifier dans les futures Editions.

Fréniclé a compoſé un Traité ſur les quarrés ou tables magiques, dans lequel, après avoir donné pluſieurs Solutions pour le quarré de vingt-cinq termes, il ajoute : *on a donc ici des exemples de tous les nombres* impairs *qui tiennent le milieu des figures ; pour ce qui eſt des nombres* pairs, *il y auroit* plus de difficulté *à leur faire tenir le milieu de la figure*, & peut-être il eſt impoſſible : Mém. de l'Académie des Sciences, tome 5, page 235.

On peut conclure de ce paſſage, que Frénicle n'a obtenu des Solutions que par le tâtonnement, comme la marche de ſon travail ne le prouve que trop ; qu'il a eu beaucoup de peine pour les variantes qu'il a trouvées, & beaucoup de peine auſſi pour celles qu'il a eſſayées en vain. Il n'y a point dans les mathématiques ſtriȼtes de difficulté graduelle ni abſolue, proprement dite ; la formule, la regle fait tout, la différence dans le temps ou dans la continuité d'attention ne doit pas s'appeller difficulté : il n'eſt pas plus difficile de trouver le quarré de 293, que celui de 5, lorſque l'on poſſede une formule univerſelle & invariable.

Il y a plus. Ce que Frénicle a déclaré *peut-étre impoſſible*, s'opere ſans aucune peine, au moyen d'une formule, comme nous allons voir, & une minute ſuffit pour trouver pluſieurs Solutions.

L'ouvrage de Frénicle n'a été imprimé qu'après ſa mort ; mais la Hire qui l'a publié poſſédoit la matiere : on a de lui pluſieurs Mémoires ſur cet objet, parmi ceux de l'Académie, & cependant il a laiſſé ſubſiſter l'erreur ; preuve ſenſible de ce que nous avons dit, page 4, qu'on lit avec trop de confiance, qu'on adopte ce qu'on lit, & que pluſieurs propoſitions, admiſes comme conſtantes, ne tiendroient pas contre un févere examen.

L'Auteur des Récréations mathématiques (1778) n'auroit-il pas un pareil reproche à ſe faire ? Après avoir expoſé la Méthode de la Hire, il dit : *on peut par ce moyen faire tomber tel nombre qu'on voudra dans telle caſe qu'on voudra ; par exemple, 2 dans la caſe centrale.* N'eût-il pas fallu choiſir de préférence un nombre *pair*, afin qu'on fût déſabuſé de la propoſition de Frénicle ? Il avoit lu Frénicle ſans doute,
puiſqu'il

puifqu'il nous apprend que Frénicle *a donné 880 variations du quarré magique de 4, dans fon Traité des quarrés magiques*. Il eft vrai que s'il avoit examiné ces 880 variations, il en auroit diminué le nombre, en vertu de ce que lui-même dit immédiatement auparavant : *un quarré renverfé ou tourné de gauche à droite n'eft pas une variation*.

La Hire, Frénicle & beaucoup d'autres fe font exercés fur les quarrés magiques, dont ils regardoient cependant la recherche comme frivole & inutile. La méthode de conftruire deux quarrés primitifs, dont la combinaifon produit le quarré parfait, eft favante & ingénieufe, quoique longue & compliquée. S'ils avoient traité les quarrés magiques comme un Problême de fituation, ils auroient vu que la queftion fe réduit à rétablir un équilibre & une fymmétrie troublés, & dès-lors n'eft plus indifférente ; qu'ainfi les nombres ne font pas l'objet principal de la Solution, mais fimplement un moyen d'y parvenir: qu'enfin, l'on peut obtenir & indiquer cette folution fans lettres ni nombres, & tracer des quarrés magiques comme l'on trace la marche du Cavalier.

PROBLÊME XXXIII.

DISPOSER en quarré magique les 25 premiers nombres naturels, au moyen d'une des marches du Cavalier.

ON appelle *magique* un quarré dont les éléments font diftribués de maniere que fes colonnes, fes bandes & fes diagonales font toujours la même fomme.

Pour parvenir à la Solution de ce Problême, il faut en bien examiner les conditions, les moyens, les obftacles, les reffources ; il faut s'en former une idée nette ; car fi Boileau a dit, au fujet de l'expreffion :

Ce que l'on conçoit bien, s'énonce clairement.

On peut dire auffi qu'en fait d'opération,

Ce que l'on conçoit bien, s'exécute aifément.

Iere. Obfervation. J'ai le choix fur *huit* marches, fuivant ce qui a été dit à la page 8 ; je me fixe à celle qui va de gauche à droite dans la bande, immédiatement au-deſſous de la caſe du départ : j'ai le choix du chiffre & de la caſe ; mettons 1 à l'angle ſupérieur à gauche.

IIe. Obſervation. Je ſuis bientôt arrêté, car je ne puis placer le n°. 4 ſans ſortir du cadre ; pour lors, je trace des caſes extérieures ou poſtiches qui répondent aux caſes internes & les repréſentent : le n°. 4 étant rentré dans le-cadre, y occupera la dix-ſeptieme caſe.

IIIe. Obſervation. Je ſuis encore arrêté pour placer le n°. 6 ; mais l'obſtacle eſt d'une autre nature ; c'eſt parce que la caſe où me conduit la marche choiſie eſt déja occupée. Cet obſtacle ſe renouvelle à tous les multiples de 5. C'eſt donc une condition eſſentielle au Problême de commencer alors une nouvelle ſuite : pour m'écarter le moins qu'il eſt poſſible, je vais une fois ſeulement de droite à gauche, ſuivant la marche du Cavalier, & je reprens enſuite ma marche adoptée.

Ainſi la Solution complette du Problême ſe réduit à cette formule.

Placez le nouveau nombre dans la bande horizontale, au-deſſous à droite.

Si la caſe eſt extérieure, faites rentrer le nombre, en le plaçant dans la caſe interne correſpondante.

Si le nombre est multiple de 5, placez-le suivant deux cases au-dessous.

Tout cela est exécuté dans la *figure* 34, pl. VI, & dans celle qui suit :

1	10	14	18	22		
19	23	2	6	15	19	23
7	11	20	24	3	7	•
25	4	8	12	16	25	4
13	17	21	5	9	13	17
	10	14	18	22	•	10

6

Ceux qui ne voudront pas s'assujettir aux cases externes ni à la marche du Cavalier, pourront résoudre le Problême numériquement de la maniere suivante.

Comptez sept cases d'un numéro au suivant.

Si vous partez de l'une des deux dernieres colonnes, ne comptez que deux cases.

Quand un nombre est multiple de 5, mettez celui qui suit deux cases au-dessous ou trois cases au-dessus.

Une Solution trouvée sert à obtenir sur le champ toutes les autres, & à placer dans

le centre le numéro que l'on voudra, pair
ou impair. Si l'on veut, par exemple, placer au centre le numéro 6 , il faut tranf-
porter de gauche à droite la premiere colonne ; alors le numéro 6 fe trouvera au
milieu de fa bande. Si, après cela, on met
au-deſſus la bande horizontale inférieure ,
alors le numéro 6 fe trouvera au milieu de
fa colonne & au milieu de fa bande , &
par conféquent au centre de la figure.

Cette formule convient à tous les quarrés, dont le côté C eſt un nombre premier.
Il faut feulement obferver que le nombre
des cafes à compter, eſt C *plus* 2 ; & qu'a-
près le multiple de C , il faut placer le
nombre nouveau *deux* cafes plus bas , ou
l'élever d'autant de cafes *moins* 2 , que le
côté C a d'unités.

Ainſi on obtiendra le quarré magique
de 7, en comptant toujours neuf cafes ;
ou deux cafes , fi l'on part des deux dernieres colonnes ; & chaque fois qu'on a
atteint un multiple de 7 , il faut placer le
nombre nouveau deux cafes plus bas ou
cinq cafes plus haut.

On peut appliquer cette formule à tous
les impairs ; mais lorfque le côté n'eſt pas
un nombre premier , il faut néceſſai-
rement dans le cas d'une marche

uniforme , placer 1 immédiatement au-
deſſous de la caſe centrale , afin que le
terme moyen ſe trouve au centre de la
figure. Il réſulte de là que le quarré magique, ainſi conſtruit , ne peut ſouffrir les
changements que les quarrés des nombres
premiers permettent ; mais il eſt ſuſceptible
de toutes les variations indiquées par Frénicle & autres , & qui s'obtiennent en tranſ-
poſant réciproquement 2 ou 4 bandes ou
colonnes correſpondantes, ou quatre caſes
correſpondantes.

Le quarré magique de Moſcopule , rap-
porté par la Hire , *Mém. de l'Acad.* , année
1705 , page 163 , ſatisfait à notre Problême.
Il differe de notre Solution, en ce qu'après
chaque multiple de 5 , le nombre qui ſuit
eſt placé immédiatement au-deſſus ; mais ni
Moſcopule ni la Hire n'y ont ſoupçonné
de rapport avec la marche du Cavalier.

Nous avons vu que l'on peut en ſe ſer-
vant de la méthode perfectionnée par la
Hire , placer au centre le nombre qu'on
voudra ; mais ſon travail ne donne qu'une
Solution à la fois. Il ſeroit utile d'avoir
une méthode qui procurât toutes les Solutions réunies : nous en ferons la matiere
du Problême ſuivant.

PROBLÊME XXXIV.

CONSTRUIRE une figure dans laquelle chacun des 25 premiers nombres naturels occupe le centre d'un quarré magique de 25 termes.

AYANT trouvé une premiere Solution par la méthode précédente , tranfportez à la fois quatre colonnes d'un côté à l'autre , vous aurez un rectangle de cinq cafes fur neuf.

Si de ce rectangle vous élevez ou abaiffez à la fois quatre bandes , vous obtiendrez un quarré de quatre-vingt-une cafes , dans lequel chacun des vingt-cinq premiers nombres naturels fe trouvera au centre d'un quarré magique de vingt-cinq termes , ainfi qu'on le peut vérifier dans la figure de la page fuivante.

Toutes les méthodes de conftruire un quarré magique n'en procurent pas qui fatisfaffent à notre queftion. Le Lecteur curieux de s'exercer peut confulter le Volume des Mémoires de l'Académie , année 1705 , que nous avons indiqué précédemment : le quarré magique de Mofcopule jouit de la propriété demandée.

1	10	14	18	22	1	10	14	18
19	23	2	6	15	19	23	2	6
7	11	20	24	3	7	11	20	24
25	4	8	12	16	25	4	8	12
13	17	21	5	9	13	17	21	5
1	10	14	18	22	1	10	14	18
19	23	2	6	15	19	23	2	6
7	11	20	24	3	7	11	20	24
25	4	8	12	16	25	4	8	12

Il eſt toujours facile de compter la ſomme produite par les cinq bandes, les cinq colonnes & les deux diagonales ; ce qui donne douze ſommes chacune égale à 65 ; mais on peut ſe trouver un peu gêné par les chiffres environnants. Eſſayons encore de lever cette légere difficulté.

Pour n'avoir ſous les yeux que les chiffres dont on deſire la ſomme, il faut couvrir les autres avec une carte à jouer, au milieu de laquelle on aura fait un trou quarré de la grandeur requiſe. Ici ſe préſente un nouveau Problême de ſituation à réſoudre : la carte n'étant pas tranſparente ne laiſſe pas

appercevoir

appercevoir. à quel endroit il la faut couper ; on rifque d'en couper trop ou trop
peu, fi l'on n'a pas une méthode sûre &
géométrique préférable à la voie incertaine
du tâtonnement. Cherchons cette méthode
géométrique.

PROBLÊME XXXV.

*FAIRE un trou quarré de grandeur
donnée & précisément au milieu
d'une carte ou d'un carton rectangle.*

Voyez la *fig.* 35 de la Planche IV.

APPLIQUEZ l'angle fupérieur à gauche
de la carte, fur l'angle A fupérieur à gauche de votre quarré ; marquez fur la carte
le point qui eft commun avec l'angle B
fupérieur à droite du quarré ; partagez en
deux également l'intervalle B C, au point
D ; abaiffez la ligne D S.

Prenez l'intervalle A F égal à D C ; abaiffez
F G, parallele à D S ; faites fur la longueur
de la carte l'opération que vous avez faite
fur fa largeur ; vous obtiendrez deux nouvelles lignes qui couperont à angles droits

K

F G & D S : les quatre points d'interſection marqueront les quatre angles du quarré demandé.

Quelques Lecteurs un peu ſéveres trouveront peut-être que nous nous ſommes ſinguliérement écartés de notre premiere queſtion ; nous les prions de conſidérer que cette Diſſertation a eu un principe bien léger ; qu'elle eſt ſans prétention , & n'eſt due dans ſon origine qu'à un coup d'œil jetté par haſard ſur un Livre ouvert , comme nous l'avons dit au commencement ; enfin , que nous avons été amenés d'une obſervation à une autre ſans effort & par maniere de promenade : nous deſirons que cet Ouvrage ſoit pour nos Lecteurs, ce qu'il a été pour nous, un objet de récréation.

Poſthabui tamen illorum mea ſeria ludo.

Virg.

F I N.

Fig. 2 de Moivre

34	49	22	11	36	39	24	1
21	10	35	50	23	12	37	40
48	33	62	57	38	25	2	13
9	20	51	54	63	60	41	26
32	47	58	61	56	53	14	3
19	8	55	52	59	64	27	42
46	31	6	17	44	29	4	15
7	18	45	30	5	16	43	28

Fig. 1

1	2	3	4	5	6	7	8
9	10	11	12	13	14	15	16
17	18	19	20	21	22	23	24
25	26	27	28	29	30	31	32
33	34	35	36	37	38	39	40
41	42	43	44	45	46	47	48
49	50	51	52	53	54	55	56
57	58	59	60	61	62	63	64

Fig. 3

-26	-25	-24	-23	-22	-21	-20	-19	-18	-17	-16	-15	-14	-13	-12
-18	-17	-16	-15	-14	-13	-12	-11	-10	-9	-8	-7	-6	-5	-4
-10	-9	-8	-7	-6	-5	-4	-3	-2	-1	0	+1	+2	+3	+4
-2	-1	0	1	2	3	4	5	6	7	8	9	10	11	12
6	7	8	9	10	11	12	13	14	15	16	17	18	19	20
14	15	16	17	18	19	20	21	22	23	24	25	26	27	28
22	23	24	25	26	27	28	29	30	31	32	33	34	35	36
30	31	32	33	34	35	36	37	38	39	40	41	42	43	44
38	39	40	41	42	43	44	45	46	47	48	49	50	51	52
46	47	48	49	50	51	52	53	54	55	56	57	58	59	60
54	55	56	57	58	59	60	61	62	63	64	65	66	67	68
62	63	64	65	66	67	68	69	70	71	72	73	74	75	76
70	71	72	73	74	75	76	77	78	79	80	81	82	83	84
78	79	80	81	82	83	84	85	86	87	88	89	90	91	92
86	87	88	89	90	91	92	93	94	95	96	97	98	99	100

Dans la Figure 3 chaque Numero surpasse de 8 celui qui est immédiatement au dessus. les Numeros des trois bandes Superieures sont affectés du Signe moins. la Figure peut se prolonger à l'infini de chacun des quatre cotés.

Fig. 10.

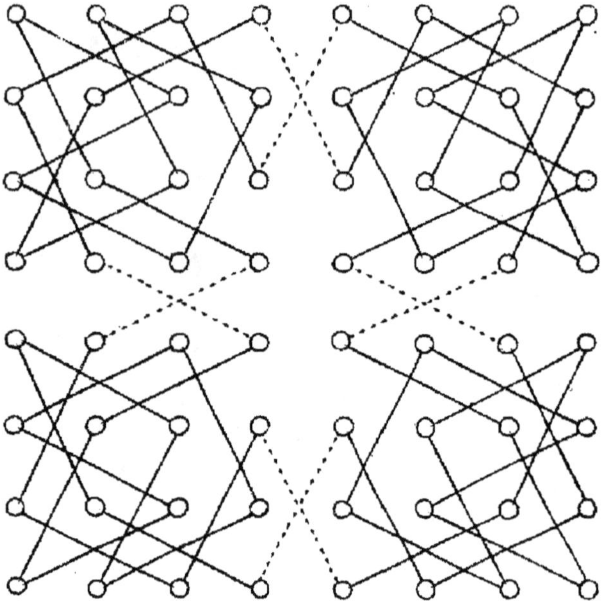

Fig. 11.

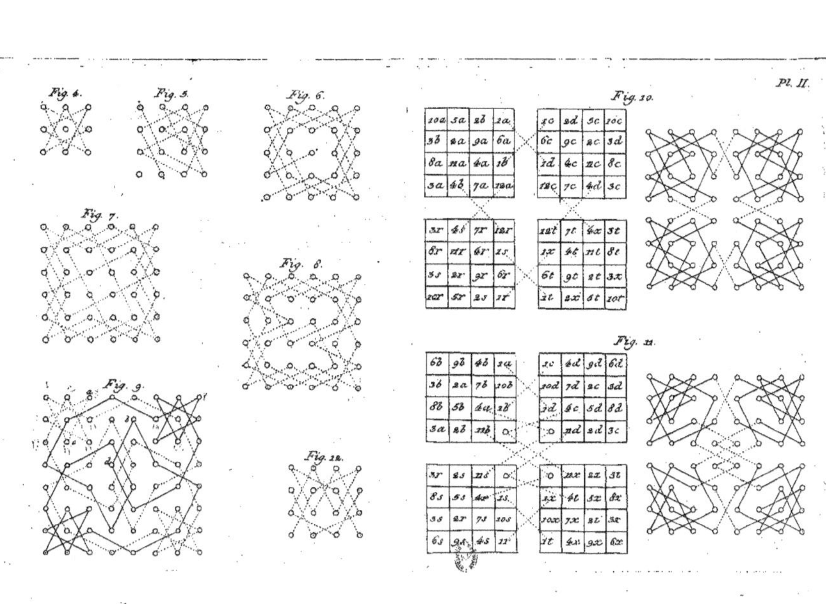

Fig. 4.
Fig. 5.
Fig. 6.
Fig. 7.
Fig. 8.
Fig. 9.
Fig. 10.
Fig. 11.
Fig. 12.

Fig. 23.

42	27	54	11	40	37	52	1
55	10	41	26	53	64	39	36
28	43	12	19	38	51	2	63
9	56	25	22	13	16	35	50
44	29	18	15	20	23	62	3
57	8	21	24	17	14	49	34
30	45	6	59	32	47	4	61
7	58	31	46	5	60	33	48

| 39 |
| 42 |
| 25 |
| 28 |
| 5 |
| 44 |
| 23 |
| 30 |

Fig. 22.

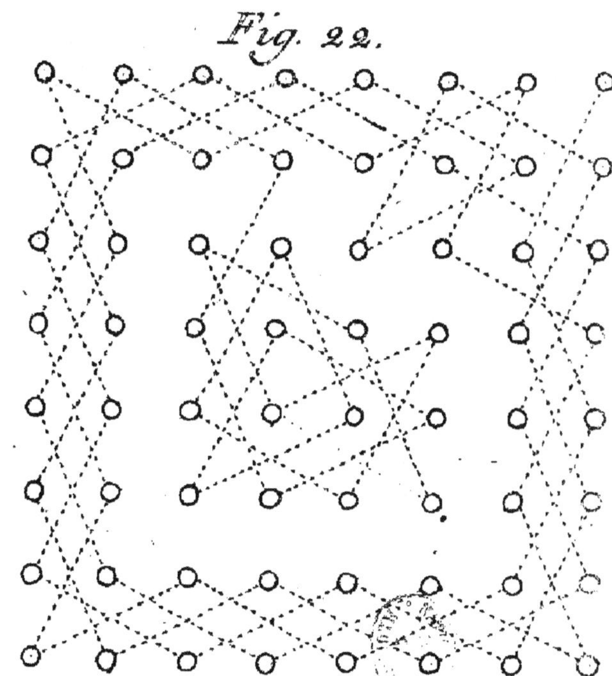

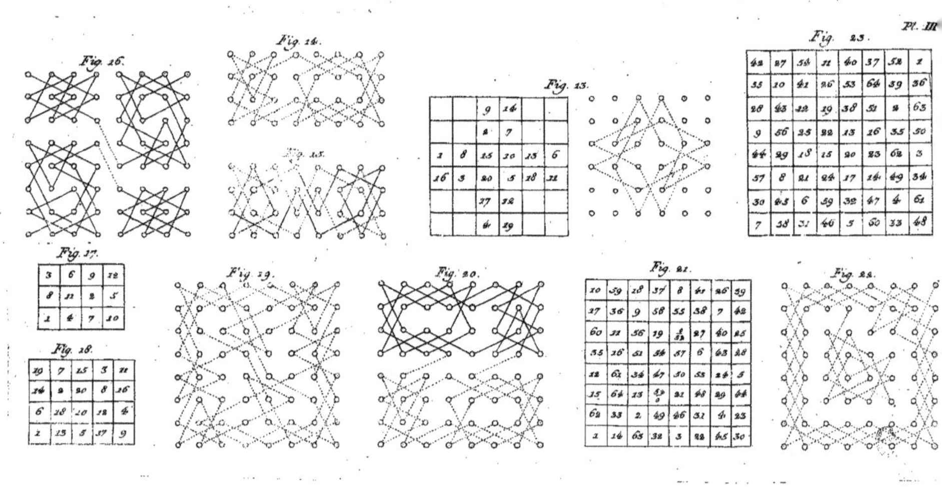

Pl. III
Fig. 13.
Fig. 14.
Fig. 15.
Fig. 16.
Fig. 17.
Fig. 18.
Fig. 19.
Fig. 20.
Fig. 21.
Fig. 22.
Fig. 23.

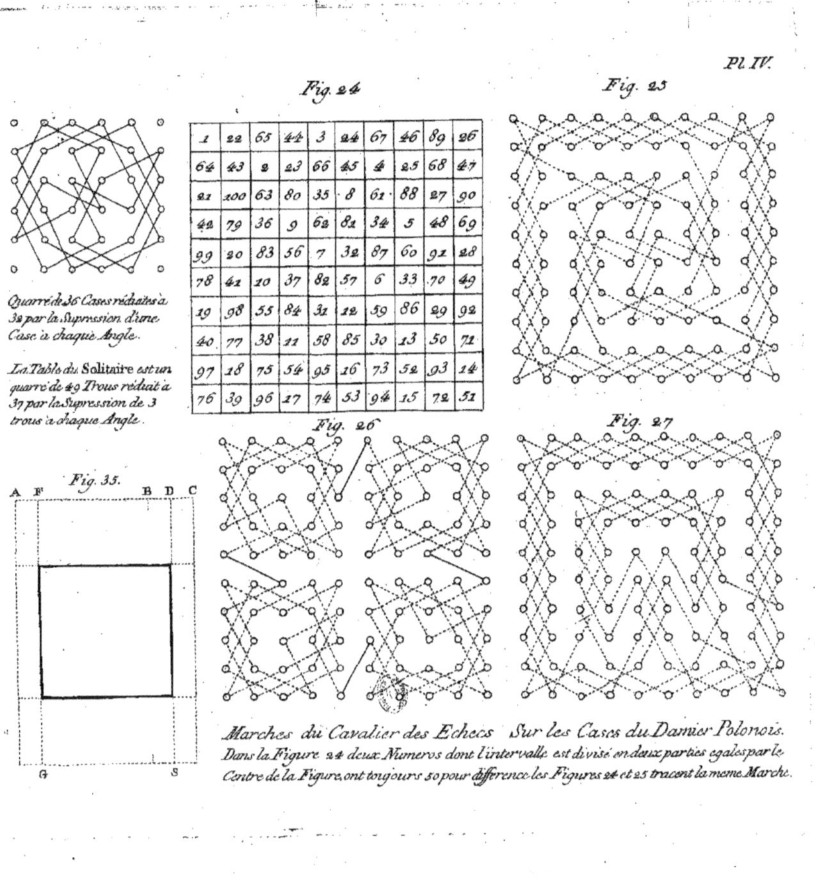

Quarré de 36 Cases réduites à
32 par la Supression d'une
Case à chaque Angle.

La Table du Solitaire est un
quarré de 49 Trous réduit à
37 par la Supression de 3
trous à chaque Angle.

1	22	65	44	3	24	67	46	89	26
64	43	2	23	66	45	4	25	68	47
21	100	63	80	35	8	61	88	27	90
42	79	36	9	62	81	34	5	48	69
99	20	83	56	7	32	87	60	91	28
78	41	10	37	82	57	6	33	70	49
19	98	55	84	31	12	59	86	29	92
40	77	38	11	58	85	30	13	50	71
97	18	75	54	95	16	73	52	93	14
76	39	96	27	74	53	94	15	72	51

Marches du Cavalier des Echecs Sur les Cases du Damier Polonois.
Dans la Figure 24 deux Numeros dont l'intervalle est divisé en deux parties egales par le
Centre de la Figure, ont toujours 50 pour difference les Figures 24 et 25 tracent la meme Marche.

256

193

192

129

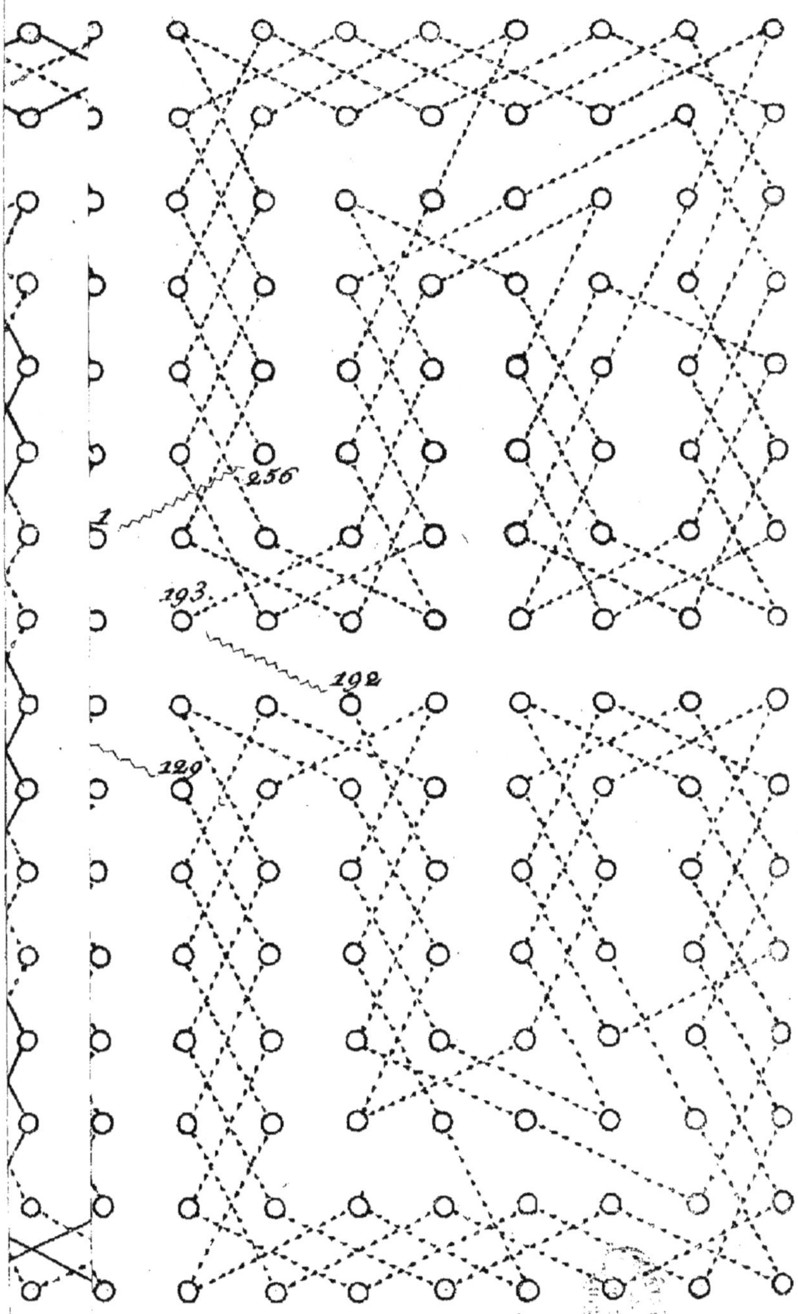

s.

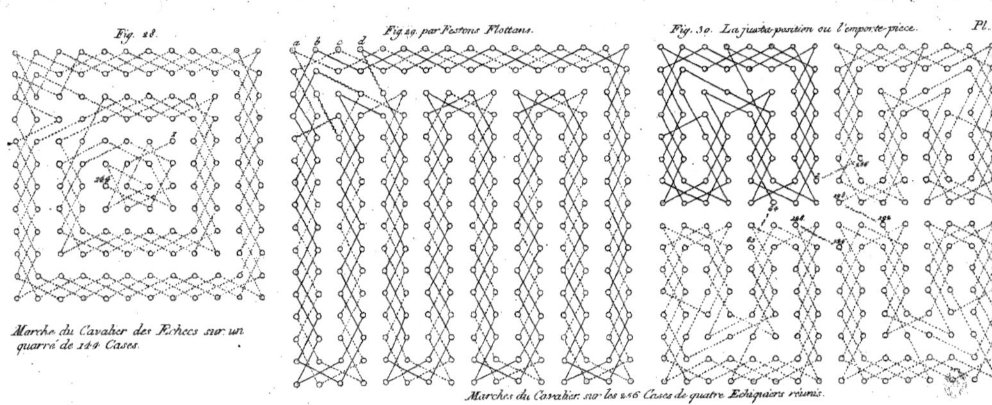

Fig. 28.
Fig. 29. par Festons Flottans.
Fig. 30. La juxta-position ou l'emporte-piece.
Pl.
a b c d
Marche du Cavalier des Echecs sur un
quarré de 144 Cases.
Marches du Cavalier sur les 256 Cases de quatre Echiquiers réunis.

Les Chambranles.

...nis.

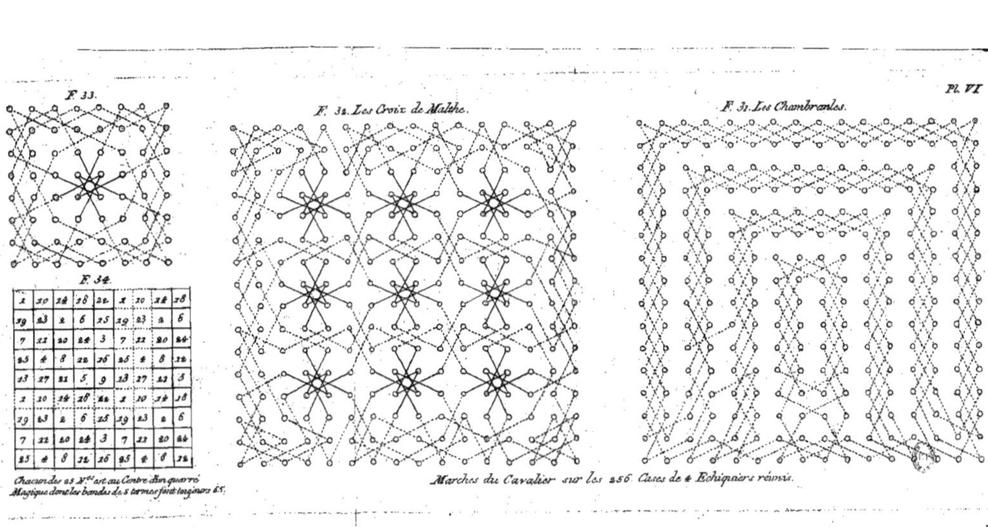

F. 33.

F. 32. Les Croix de Malthe.

F. 31. Les Chambranles.

F. 34.

1	10	14	18	22	1	10	14	18
19	23	2	6	15	19	23	2	6
7	11	20	24	3	7	11	20	24
25	4	8	12	16	25	4	8	12
13	17	21	5	9	13	17	21	5
1	10	14	18	22	1	10	14	18
19	23	2	6	15	19	23	2	6
7	11	20	24	3	7	11	20	24
25	4	8	12	16	25	4	8	12

Chacun des 25 N.os est au Centre d'un quarré
Magique dont les bandes de 5 termes font toujours 65.

Marches du Cavalier sur les 256 Cases de 4 Echiquiers réunis.

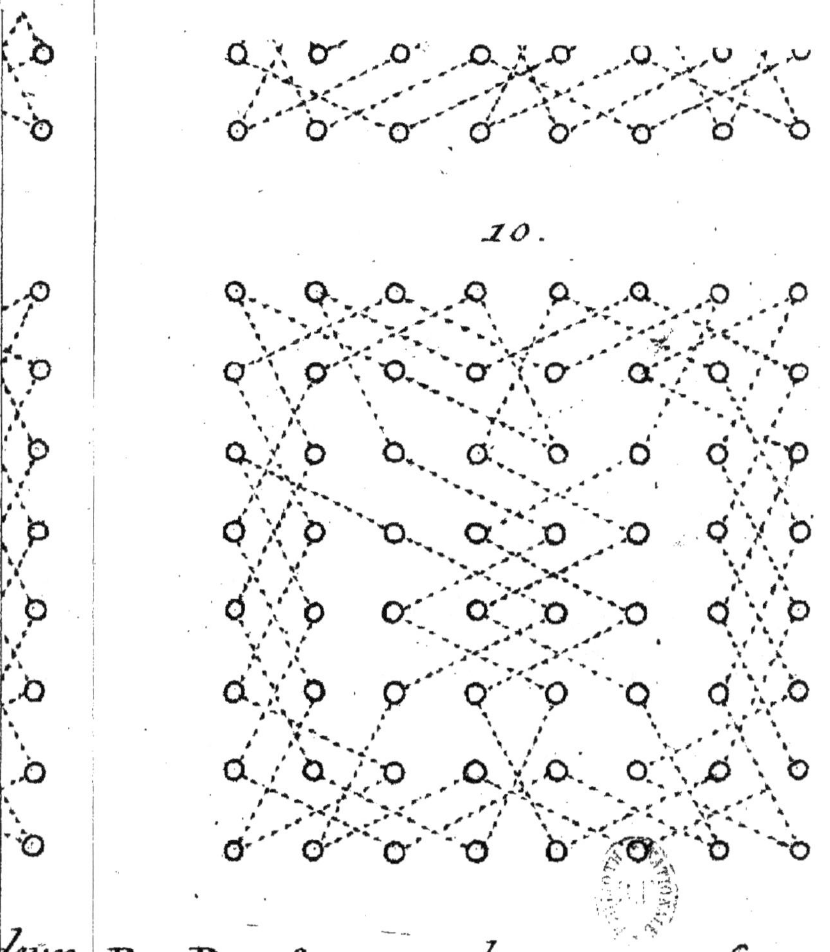

deux B a D. 7, 8, et 9 sont le meme, pour fermer

P joint l'onzieme anneau au 17.e et le 21.e au 27.e en

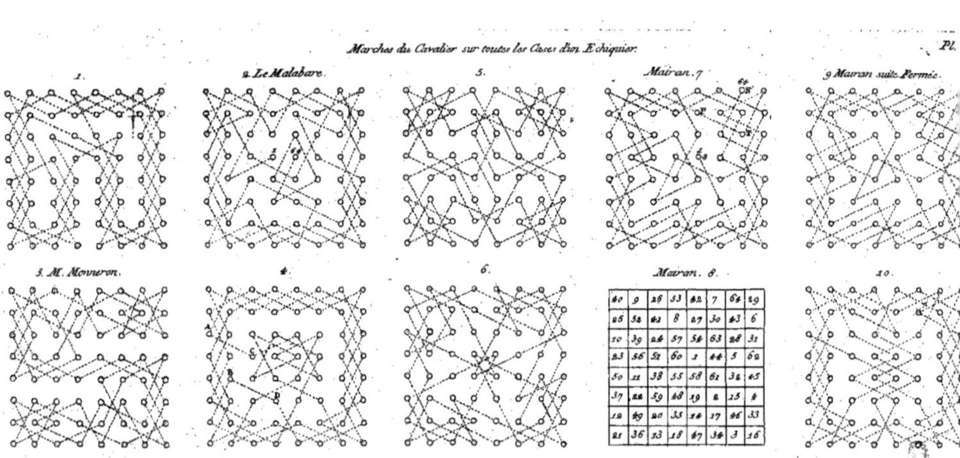

40	9	26	53	42	7	64	29
25	52	41	8	27	30	43	6
10	39	24	57	54	63	28	31
23	56	51	60	1	44	5	62
50	11	38	55	58	61	32	45
37	22	59	48	19	2	25	4
12	49	20	35	14	17	46	33
21	36	13	18	47	34	3	16

2 et 3. Voyés Echecs Supl. de l'Encycl. 4 sera Symmetrique, mais en deux suites, si l'on joint A a B et C a D, ce qui aneantit les liaisons de A a C et de B a D. 7, 8, et 9 sont le meme, pour fermer la suite, il suffit de joindre N a P et S a T en suprimant la liaison de P a T devenue superflue. 10 sera Symmetrique, mais en deux suites, si l'on joint l'onzieme anneau au 17.e et le 21 au 27.e en suprimant les liaisons devenues superflues.